U0006569

周偉航（人渣文本）著

目次

【文場】

【曲終】

前言　選舉是什麼？

「選舉？不就是看政治人物鬼吼鬼叫發神經，然後大家去投個票嗎？」

沒錯！這就是選舉。

「如果這就是答案，那為什麼還要用一本書來談選舉？」

因為我想談談瘋狂的表象之下，到底還藏了些什麼東西。

你所看到的「瘋狂」，其背後都有「理性」的原因。凡存在，必有其理，要解開這場瘋狂大戲的運作機制，我們還是要先處理「什麼是選舉？」這個生硬的定義問題。

講到「定義」，你可能覺得我要開始提政治學或是相關法規了。但我都不談，因為以政治學或法學角度來探討選舉的書已經太多，網路上也有很多資料，你去找這些東西就可以「吃到飽」，甚至「吃到吐」。

在這本書中，我會從兩種「二元性」來定義選舉，或是「切入」選舉。跳脫過去的思維模式，讓你看到不一樣的東西。

第一種二元性：政治人對公民

臺灣「選舉」的第一種二元性，是來自於一般百姓和政治從業者之間對選舉的看法落差。

大多數普通百姓認為「選舉」就是「投票」，「投票」就是「選舉」，頂多加上投票前後的一些「鳥事」，像候選人的宣傳車吵到你睡覺之類的。這是因為在整個選舉活動中，一般百姓最主要參與的往往只有投票活動而已。

所以你問普通人「什麼是選舉？」他可能一時講不出答案，但腦海浮現的就是投票這件事。

至於政治相關人等，又是怎麼看選舉的呢？

對於這些「政治從業者」（以下簡稱為「政治人」）來說，選舉是非常重要的活動，類似一場祭典、慶典，或是嘉年華會。事前有冗長的準備期，然後是運作期，最後是高潮期，以及結束的收尾期。

所以對百姓而言，選舉就是「投票」，可是對政治人來說，選舉是「大拜拜」，是非常複雜的事。雙方看法差這麼多，當然就會產生很多磨擦與不快了。

在這本書中，我想拉近兩者的距離。

我想要讓一般人，也就是「公民」們，能理解「政治人眼中的選舉」是怎麼一回事。你不一定要接受政治人的觀點，因為他們的看法在道德上不見得是對的，但透過我的說明，相信你就比較能看懂「選舉」，也能推敲政治人物之所以「做出一堆蠢事」的原因。

第二種二元性：常態與變態

除了「公民」與「政治人」對選舉的看法存在著二元性，「政治人的工作狀態」也可以區分為兩面，這兩種狀態分別是「常態」與「選舉變態」。

依照臺灣現有的選舉規劃，大約每兩年會進行一次選舉，每次大約會耗上九個月，因此政治人有超過一半以上的時間處於「常態」，他們會和正常人一樣生活、工作。

而「選舉變態」呢？就像柔軟肥胖的幼蟲突然「變態」成蛹，羽化為形態各異的成蟲，政治人在選舉期間也會過著怪異的生活。睡眠時間會被壓縮，有時只剩下原本的三分之一，所有從業者都像瘋子一樣的「衝刺」自身原有的工作項目，並且「黏ＴＴ」的進行各種拉票活動。

在選舉變態期，投入的時間、人力、財力都是常態的好幾倍，目的就是要在投票日當天有「最好的結果」。但一過了選舉日，這些政治人又會回歸「平淡」，轉回「常態」模式。

所以常態期也是「儲存期」、「休眠期」，你要說是省電模式也行。政治人會在常態與變態之間不斷的切換，只是公民們不太能理解其中原因，便單純而直接地認為政治人都是「選後就變了個人」、「換了位子就換了腦袋」。

事實上，如果完全沒有「常態」做為緩衝，政治人一定會活活累死。就在政治人與公民的互動過程中，就在政治人自身的不斷變態中，選舉這個活動就被建構出來了。但這樣的方向只是骨架，單憑這結構，無法完整回應「選舉是什麼？」這個問題。

我們接下來就照倫理學的基本模式，從目的、手段，一路談到結果。

入門

第1堂 為什麼我們需要選舉？

我相信你經常聽到以下的幾種說法：

「臺灣社會太亂，都是因為選舉太多。」

「選舉撕裂社會。」

「選舉阻礙了臺灣的進步。」

因此「選舉」好像是件很負面的事，是社會百病之源。所以「為什麼要有選舉？」就是個值得深思的問題了。

有種哲學方法叫「思想實驗」，在碰到需要深思的現實困境時，我們可以想像某種情境作為出發點，透過理性的方式推敲出最合理的結果。用這種方法，我們就可以跳出政治學、歷史學、法學的傳統理論，以哲學方法來釐清「為什麼要有選舉？」這問題。

聽起來很專業哦？我就直接操作給你看吧。

為了要進行思想實驗，我們不妨把「為什麼要有選舉？」轉個方向，成為

「可以不要有選舉嗎？」

我們來想像一下，在沒有選舉的狀況下，「歷史」會怎麼發展？

想像的歷史

選舉會讓社會「亂」？那好啊，我們就廢除選舉。

不過還是有一些事情要做決定，包括公共政策方向、官員的選任等等，這些與大眾相關的社會議題，又要透過什麼方法來決定？

人類社會不是自古就有選舉存在。那麼，在最遠古，甚至連部落都沒有的狀況下，人類是怎麼決定公共事務或資源分配的呢？

當然就是用「打」的嘍。像野獸一樣廝殺，勝者為王，我打到你爆頭，你當然就要聽我的。身強力壯的人就會勝出成為領袖。

只是強者也是要休息的，等他一失去注意力，弱者就會偷襲他，逆轉局勢。這樣你打我，我打你，永無寧日。

弱者也可能集結成團體來壓倒單一的強者。那強者該怎麼辦呢？當然也要拉人來成為自己的夥伴。等每個團體的夥伴人數越來越多，個人特質就不再那麼關鍵，反倒是人數的多寡成了決定事情的核心要素。你的軍隊人越多，通常越有勝算。到最後，也不用真打，光是雙方擺開陣式，算算人頭就可以看出勝負。如果能靠數人頭就定案，那大家也就可以避免無謂的犧牲。

等等，比人頭？不就和投票決定事情差不多？至少概念上是類似的。所以投票就好了呀！不然你要真刀真槍在大街上互砍來解決事情嗎？

跌跌撞撞的歷史

在人類社會的早期，就已經出現許多算人頭定輸贏的狀況。你可以把這種做法視為一種「選舉」。

當時的選舉，可能是幾個部落領袖推選共主（黃帝、蚩尤？）或軍閥推選新皇帝。雖然各地的古文明都有類似的集體議政模式，但在選舉或公民議政方面有較多貢獻者，應該還是古希臘城邦。

在某些希臘城邦中，公民可以參與城邦政治，於公開場合表達自身的意見，並有機會成為政治領袖。

這種最早期的公民社會，當然無法和現今的民主社會相比，其「民主」概念也很原始，但他們所創發的一切，仍深深影響今日的我們。你會認為「公民應該參與政治，不然就會被不好的人統治」，這樣的概念就來自古希臘。

羅馬文明也有選舉。我們在歷史課本都讀過「羅馬帝國」，但卻很少人知道羅馬皇帝的權力根源也是來自公民的投票。

起初，羅馬是由幾個占據山丘的大家族投票決定政策方向，隨著國家擴張，越來越多人獲得公民權，公民們可以透過間接民主的方式推派代表決定羅馬的執政官。直到我們課本中的「羅馬帝國」時期，他們仍保有各種投票與多數議決的傳統，所以要成為皇帝，你還是需要一定數量公民或地方勢力的支持。

你知道羅馬有很多競技場、大浴場之類的建設吧？那其中有不少是各任皇帝想辦法自掏腰包或借錢來蓋，並且免費或低價供公民使用的。為什麼呢？就是為了賄選啦！

所以在古代，公民和選舉的概念就已經「搞得很大」，很多現代的選舉招數，其實那時就很常見了。但這些概念在中世紀曾一度消失，直到近代才再次復興，經過思想家的努力與實務的修正之後，漸漸成為當代的民主共和制……

好了，講古只講一點，有興趣的自己去看政治史。

成本最低的就是選舉

在「人類決定公共事務」的過程中，曾有過諸多的嘗試與失敗，經歷無數打打殺殺後，最終大家發現「選舉」是成本最低的。選舉會亂，但不選舉，會更亂。所以還是選舉好。

當然這種發展並非線性的，人類曾經多次拋棄選舉，但最後往往又回歸這條發展進路，因為不用打殺，成本最低。

此外，隨著資訊交流的便利，全球化的趨勢越來越明顯，獨裁者也越來越沒有生存空間，甚至還要透過操控選舉來鞏固自己的地位，因此目前看來，放棄選舉的機率應該是越來越低了。

所以「為什麼要選舉？」的答案很明顯，就是沒有其他成本更低的方法。當然，選舉也可能不斷演化，往「更不亂」、「更不會造成分裂」、「讓社會更進步」的方向來發展。

雖然「成本低」這種理由感覺不太高尚，但這只是我故意用了一個市儈的詞彙，其實這理念在倫理學上是非常崇高的。因為「不選舉」所犧牲的成本不只是金錢，更包括了「生命」與其他諸如「自由」、「平等」等等的內在價值。選舉可以維護這些價值，而其他的方法都差了選舉「不只一點」。

第2堂 少數服從多數就是民主嗎？

我們才剛談到「選舉」與「比人多」之間的發展關係。既然民主政府的特色是選舉，而選舉是比人多的，那是否意謂著民主就是比人多的呢？

民主的定義其實非常分歧，內容包羅萬象，像中共、北韓都自認民主，但你可能不會接受他們的看法。「多數決」的確很可能是各種民主定義的最大公約數，北韓也採多數決。因此有人認為「多數決」就是「民主」的核心定義。

不過這種說法太武斷，當代民主政府的發展背景脈絡不同，可能在多數決之外增添許多條件與原則，甚至會讓多數決的重要性降到很低。像現在臺灣的許多政治決定是透過「審議制度」「審」出來的，其中不見得會有投票的過程，可能會採一致決，或是提出各種意見後，由主官裁示。

但基本上來講，如果進入投票的程序，的確還是以多數決為主。要是投票還少數決，那投個屁票呀！

少數服從多數？

我們可以進一步思考的是這句俗諺：「少數服從多數，多數尊重少數。」很多人會以為這句話是來自西方的政治哲學大師，但其實不然。我曾把這句話當成學生的作業，他們找得半死，唯一能確定的出處居然是「孫文」，也就是國父孫中山先生。

他從哪邊聽來的呢？這就不清楚了，或許是他在大英圖書館看書時所整理出來的想法，然後弄成中式的對聯。

但這句話並不能完整呈現西方「多數決」的精神與問題。多數決是來自我們前面推論過的「比力定輸贏」的原則，「多數」當然「力」就大。不過太過強調多數，可能會傷害少數。

有種被稱為「效益主義」的倫理學流派，就是標準的多數決主義。他們認為「能替最大多數人帶來最大效益」的行為就是對的行為，這一套想法在政治上非常盛行，但他們也有犧牲少數的問題。

若依「追求最大多數人之最大效益」原則，可能產生類似納粹的想法：把少數有錢人（猶太人）殺光，將他們財產分一分，多數人就變有錢嘍。

因此多數決需要搭配一些其他的補充原則，以免走入極端。這種補充原則當然就不是空泛的「多數尊重少數」，因為我們也很難說明到底什麼才叫「尊重」。比較常見的做法，就是透過制度刺激政治板塊不斷重組，方法如下。

少數分裂多數

像是「相對少數」（例如：二〇一五年的民進黨大選戰術）可能以利益來引誘「多數」（國民黨）之中的「另一批少數」（國民黨本土派），讓後者能獲得比停留在原有多數群體中還要大的利益，那這些「多數中的少數」就可能叛逃，與原有「多數群體」尚存的部分形成新的力量均衡。

就算無法逆轉多數和少數的位置，也可以讓多數沒那麼多，少數沒那麼少，雙方慢慢接近五五波。

另一個實例就是二〇一二年到二〇一五年的親民黨，雖然是藍軍，但因為國民黨已經強勢過半，因此他們反而和民進黨在多項政策上保持同調，以求一線生機。

在民主國家中，政黨都是由本質各異的人組成的，隨時可能分裂，沒有政治勢力是鐵板一塊，現實考量總是大於對黨的忠誠。只要多數決的過半法則存在，那麼在「資訊對稱」且有充分溝通機會的群體，就會產生自然的重組流動。

這是在觀察選舉實戰策略時的必備知識，否則你就看不懂為何意識形態差別很大的政黨卻會組成政治同盟。

不妨來個少數決？

有人主張除了多數決之外，在一些決策上，我們還是該依賴精英下決定，或是以績效來決定權力的高低。有許多政黨的確在內部不採民主方式決議，而是透過寡頭或獨裁領導，但出了家門還是民主政黨，這種「黨外民主，黨內不民主」的狀況還蠻常見的。

之所以採用這種方式，通常是因為政黨需要儘快就戰鬥位置，沒有那個時間與成本來進行初選，以免虛耗人力與資源。

這種方法用在治國，也有新加坡這種「成功」（有些人不認同，所以用引號框起來）的例子。不過，任何權力在缺乏制衡的狀況下，都有快速腐化的問題，精英管理與多數被統治群體之間的互動，必須有明確的規章與監察機制，不然很容易造成多數被少數綁架的狀況，讓民主制度完全當機。

臺灣當前對於解決政治少數與多數矛盾的方法，是在立法院進行政黨協商。一直有人批評這項制度是少數綁架多數，但這種體制也是個「演化」的結果，如果少了協商，立法院會當機得更嚴重。

在這裡只希望大家能記得一點：政治上的意見衝突並不是真正的暴力衝突，反而是種溝通過程，只要能幫助我們追求卓越，就沒有必要排除意見相爭的情形。不論是多數或少數，確保大家都有機會發聲，才是民主制度最重要的基礎。

而看起來一片和諧，沒有多數少數，所有人都達成共識的社會，或許才是真正可怕的地方。因為在自然狀況下，根本不可能達成「所有人意見一致」的穩定狀況（連北韓都有異議分子）。

「選舉亂象」只是一時，不藉由這些亂象，很難讓社群真正成長。透過多數與少數的吵吵鬧鬧，只要不罵到真的開槍殺人，對於社群的長遠發展都是有幫助的。像臺灣選舉亂了那麼久，什麼下跪、開槍、抹黑、造假都發生過，公民們不也變得「油條」許多，不易被撼動了嘛？

如果有一天，臺灣選舉變得非常安靜，所有候選人都透過媒體理性的陳述意見，公民們都帶著微笑來思考自己要支持誰，並讚美或理解意見不同者。這樣的社會看來很棒？大同世界？

這還比較像是恐怖科幻電影的開頭。

第3堂 選舉真的能選賢舉能嗎？

「選賢舉能」，又做「選賢與能」，我們從小就被教育選舉就是要「選賢舉能」，所以大家都直覺認定這就是民主投票的目標，若沒有選出「賢」「能」，這次投票就算是失敗。

但是面對這個問題，我建議你先回想「選賢舉能」的概念是從哪來的？

哪來的觀念？

「大道之行也，天下為公，選賢與能，講信修睦……」

「選賢舉能」的概念取自《禮記》中的〈禮運大同篇〉，是早期儒家在談君王應有的施政風範，所以「選賢舉能」是指君王選用人才的標準。

先不談春秋戰國的概念在今日還能不能適用，就假設能用好了，這一套也不太像是民主選舉的判斷標準，比較像是「民選首長」在選任「政務官」時的準則。例如柯文哲或陳菊在挑選一級局處首長人選時，就應該選「賢」與「能」。

當然，你也可以主張：百姓投票讓比較「賢」和「能」的人當政府首長。一樣可以符合原來的意思。

不過，要達成這個目標的先決條件，就是百姓「知道」什麼是「賢」與「能」。但臺灣的一般百姓知道嗎？

不問別人，不上網，你知道「賢」與「能」分別是什麼意思嗎？

賢能的定義

這問題就妙了，因為多數人根本不清楚「賢」和「能」的意思。

在倫理學的定義中，「賢」指的是「實踐智慧」。面對社會實務時，思慮超乎常人，而這是需要經過歷練才能培養出來的；在中文的使用上，我們已經很少單獨運用「賢」這個詞（頂多就是「賢惠」這種連用詞），所以多數人並不清楚其定義，甚至以為「賢」就是「很會做事」。但「很會做事」不就是「能」嗎？所以選賢與能，就變成選「能」與「能」？這不是在講廢話嘛。

至於「能」說的是「能力」，代表執行上的具體成果或技術，與道德的關係沒那麼直接。

如果在「選舉」時，要選「真正的賢」與「真正的能」，或許就會選出有實踐智慧與技術的高手，但是這個人在品德上，有可能不佳。這是你心中設想的「理想政治」嗎？

這就是選賢舉能的第一個問題。

選賢舉能的第二個問題，方向與第一個問題正好相反。雖然「選賢舉能」可能會挑出不道德的候選人，但對大多數搞不清楚「選賢舉能」意思的人而言，聽到這個標準，反而會以為在選舉時，要將「品德」做為主要的選擇依據。畢竟這概念是藏在儒家對於「聖王」的要求之中，往往也會讓「聽到這句成語」的人，產生政治應該「道德化」的誤解。

所以你問一般百姓：「『選賢舉能』是要選誰？」多數人會以為是要選擇知識淵博的高學歷者，或是道德高潔的聖人。這就是錯亂中又有錯亂，最後當然就是一團亂。

選舉和執政的落差

接著，我們來看選賢舉能的第三個問題。

假設真的有一條道德規定是「選舉就是要選賢舉能」，而且我們也很清楚賢與能的正確定義，那現在的投票機制真的能選出賢與能嗎？很聰明又很會做事的人？

還是有困難。

選舉是一種活動，而實際的施政又是另一種活動，這兩種活動都分別有各自的「賢」與「能」。能在選舉活動中勝出的，是在選舉方面賢與能的人，這種人不見得會在施政方面也具備賢與能。

這就像「考試」篩選出來的是「會考試的人」，不見得是最好的法官或學者。那要怎麼找出「執政」方面的賢與能？可能就沒辦法透過選舉投票了。

或許要仰賴選贏的那傢伙，去找出執政方面的賢能者？

這不就是我們上面談過的方向嗎？請陳菊這種會選舉的，選上後去找會執政的人來幫她。

賢能的多面性

「執政」的賢與能，也不是單向度的，每個人所持的角度可能不同。

你可能認為有高學歷、操守良好、執政數據表現不錯、又能堅持政治理念的官員是「賢能」，但那些形象爛到炸，根本是無知、土流氓、死黑道的政治人物，卻可能在某些公民眼中是「賢能」，因為他們比誰都還關注基層民眾的生活需求。

那誰的看法才是「標準答案」？

我認識不少地方政客，他們不論表裡都是個壞人，多數人會懷疑他們的執政能力，認為他們A那麼多錢，執政表現一定比較差。

但依我個人的互動經驗，這些「敗類」的整體施政想法多數非常清晰，甚至比一些聖人或學者還清晰，其施政成效往往也不差。

道理很簡單：如果他無能又貪污腐敗，政府馬上就會垮臺，所屬派系往後沒辦法繼續執政，也就無法撈錢了，因此他勢必要有一定的施政水準，讓施政順暢，才能貪污，才能真正A到爽。所以他們是「有能腐敗」，也算是一種「賢能」。

如何判斷政治人物的「賢能」？

這樣一路談下來，感覺「賢能」好像是個很不好的詞彙？

其實也沒這麼負面。「賢能」的確是投票時的一個參考標準，但不該是唯一的標準。

雖然賢能者不必然是個好政治人物，但一個良善的政治人物，必定是賢能的。形象良好但行事草包的傢伙，根本就是個「假貨」，是政治騙子，比黑道還惡劣。

所以究竟要怎麼判斷政治人物的「賢能」呢？我有個建議，就是參考選舉過程。

你可以觀察他在選舉活動中如何與下屬互動。選舉包括了許多專業活動，候選人不可能每一項都「賢與能」，因此他必須任用會做事的人，真誠地相信所有同伴，彼此激勵以發揮出團隊的整體戰力。

這雖然是「選舉」過程中的賢能表現，但也是「執政」時不可或缺的智慧與能力。要從「選舉」推敲「執政」品質，也只能看這一塊了吧！

第 4 堂 投給誰真的不會被知道嗎？

臺灣現有的選舉都是採祕密投票，「基本上」你投誰不會有人知道。祕密投票是種「精神」，通常就是指「無記名投票」這種形式，無法判斷某張票是誰投出來的。你也不能主動公開自己的投票內容，也就是不能「亮票」。所以這種「祕密」是雙向的，你無法得知我投誰，我也不可以給你看我投誰。

相對來說，記名投票就是「公開投票」了。最常見的就是「舉手表決」，你沿著舉起來的手，就可以找到頭，找到頭，就知道是誰。

破解祕密投票

那有沒有辦法破解祕密投票呢？

當然可以！現在高科技產品那麼多，要突破傳統、老套的「封鎖線」，一點都不難。這也就是為什麼投票所要禁止攜帶手機的原因，因為現代的智慧型手機都有攝影鏡頭。

就算你不想被人探知投票意向，「有心人士」還是可以透過針孔監視器，或是指紋顯影的技術來知道你投誰。不過最常見且成本最低的方法，大概還是找個選務人員站在旁邊，在你將票放入票匭箱裡時，偷看你的選票。

還有一種狀況是制度本身會破壞祕密投票，像把原住民安排在一般的投票所中投票，那每個投票所可能只有兩、三張原住民選票，甚至只有一張，你投誰，開票時就知道啦。因此現在也修改了相關規定，讓他們能集中在特定投票所投票。

其實普通公民不太需要擔心自己的投票結果會被得知。反而是各地議會選議長時，因為有高額賄選的狀況，比較常出現破壞祕密投票的情形；一般人並沒有那種利益背景，自然就不會有人特別想要破解。

即使你有收人家賄選的錢，對方也不可能大費周章派人去偷看你有沒有投他。花一千元買你一票，卻要花好幾萬，甚至更高的成本去確認你投誰，那不就本末倒置！有那麼多錢，拿去買廣告讓選票衝高就好啦！

因此，基於經濟學上的理由，你無須擔心你的投票祕密會被得知，因為你的一票沒有那麼高的價值。

那為什麼還要有祕密投票呢？

為了公正，我們需要祕密投票

首先，我們有可能在被人威脅的狀況下去投票，像是黑道拿槍押著你去投票所，如果你不能祕密投票，不就只能投他們指定的對象嗎？

但最主要的理由，還是祕密投票可以破解賄選。

我私下收你一千，約定投你一票，但在祕密投票之下，我是否按照約定投票，並沒有人知道，所以可以隨便亂投。賄選的人一旦無法確保自己的錢能產生效果，就不想賄選了。當然，有些賄選者會要你斬雞頭發毒誓一定會投他，但現在相信這一套的人還剩多少呢？

因此祕密投票可以維持選舉公正性，確保選民的意願可以展現在選票上。

不在籍投票的可行性

新興的幾種投票方式都有維持祕密的技術性難題。近來我國討論的「通訊投票」，以及範圍更大的「不在籍投票」，都可能洩漏投票結果。

不在籍投票，就是在戶籍地以外的地點投票，像是到離租屋處最近的投票所投票（「移轉投票」），或是以郵遞方式通訊投票、以網路投票（這兩種都稱為「通訊投票」）等等。這些投票方式相對於搭客運、火車、高鐵、飛機殺回老家投票，在個人成本方面低多了，但保密的難度也提高許多，同時還會提升政府舉辦選舉的成本。

「移轉投票」或「通訊投票」，票都需要寄送或傳送，在傳寄送的過程中，如何確保不會被破壞或被得知其中內容，就有許多技術上的難題。

之所以要有不在籍投票，是因為投票方法地點若太過僵固，可能使得有些人因為工作與求學等狀況而無法投票，就會造成實質上的參政權不平等，甚至可能刻意運用相關法規以排除某些人的投票權（像是二〇一六總統大選與大學期末考衝突，以至於學生無法返家投票）。

因此提供更便利的投票方式以促成民權的發揚，是民主國家當前的共識。但要引進這種制度，還有許多更進一步的考量。臺灣的當前情境，就與多數民主國家不太相同。雖然已有許多國家（如美國）採用不在籍投票或通訊投票，但他們的政治局勢相對和緩，不太會有「利益團體」來破壞選舉。而臺灣推展這方面做法的最大考量，主要還是「中共干擾」的因素。

大約有近百萬的臺灣人長居或經常出入中國，如果他們要在當地投票，那要如何確保他們的選票不會被偽造、破壞，或是其投票結果不會被得知？

中共也無須真的破壞或偷看選票，他們只要營造一種威嚇的感覺，你就會乖乖的圈選他們屬意的候選人，以免自己將來在中國混不下去。這就會破壞前述的選舉公平性了。

有些人主張中共不一定會干預臺灣選舉，這種嘴砲多講無益，口說無憑，看政治人物的動向最準。

二〇一五年初，在立法院曾有將投票年齡下調到十八歲的修憲攻防戰。最後國民黨主張將十八歲投票案與不在籍投票案綁在一起，而因此破局，並未修憲成功。

這當中的政治算計是這樣的：如果將投票年齡下調兩歲，多增加的選票較有可能投給民進黨，所以國民黨的策略就是要把損失的票補回來。

怎麼補呢？

他們的選擇是從臺商身上補回來，也就是推動不在籍投票。國民黨認為這些臺商在中共的監視下，應該會乖乖投給自己。民進黨也清楚這點，因此這次修憲就破局了。所以國民兩黨都相信中共會干預不在籍投票。

雖然有這些問題，但我認為就算不在籍投票於短期內無法實現，將來的投票形式也會越來越有彈性，畢竟要在特定時間趕去投票所，在那邊慢慢排隊，也是要付出一些社會成本。至於怎麼改，就需要所有公民一起參與討論，而不是交由政客如上述方式在那邊秤斤論兩的協商交換。

第 5 堂 搞懂這些在臺灣常見的投票制度

投票制度可以細分成許多種類，真要討論，十本書都講不完。在這邊，我只談和臺灣有關的投票制度。

記名投票的爭議

前面已經討論過祕密投票，也提到記名（公開）投票的話，可能會受到權力威脅，或是有賄選的可能。

古羅馬共和時期以公開的記名投票為主，因此賄選橫行。當然，要批判他們是「賄選」也不客觀，因為那時還不知道買票會造成負面的影響，直到後人發現「民選皇帝」為了撈錢來支應買票，拚命發動戰爭，結果造成資源虛耗，「成本過高」，賄選才成為壞事。

雖然記名投票可能會造成一些問題，但在許多場合中，還是可以看到記名投票。考量成本（印選票、設投票所都有成本）與效益，我們的確可能採用公開記名投票的方式來決定一些事。

在公開投票時，你能觀察其他人的投票結果，別人也可以看到你投誰，因此會產生一些「賽局」的策略計算。像是二〇一六年國民黨廢除洪秀柱提名權的臨時全代會中，「挺柱派」代表試著將記名的舉手表決改為不記名的祕密投票，以提升己方的勝算，但「換柱派」並未接受這種作法，仍以公開舉手的方式來確保換柱一事不會橫生枝節。有投票權的王金平於會後亦表示：「我不舉手，會變成新聞。」

普通公民通常不熟悉投票相關賽局（百姓對於「殺價賽局」可能比較擅長），很可能因此被政治人欺負。是以為了公平起見，考量保護弱勢者的權益，通常不建議在一般公民參與的場合中採行記名投票。像是村里巡守隊決定輪班制度，軍隊決定誰要留下來擦槍（這也都是「政治」的一環哦），就可能發生狡獪者利用賽局讓笨人中計的狀況。

所以通常是在「全政治人」的環境，比如說議會內部的投票，有政黨責任政治的考量，才會大量採用記名投票。

不去投票不行嗎？——強迫投票

臺灣現在的投票率約介於60%至80%之間，這代表至少有五分之一的人基於各種因素選擇不去投票。但有些國家會規定你一定要去投票，不投是要受到處罰的。

學者多半認為「不去投票」也是種政治表態，因此政府若是強迫人民投票，在倫理學上站不住腳，因為他去了也是蓋廢票，不但沒有實益，又會浪費機會成本（他可以利用這個時間做更有貢獻的事）。

北韓也採強制投票的形式，但因為通常只有一個候選人可以選，所以他們的投票比較接近人口普查或社會監控。金胖子可以藉機看看百姓是不是已經偷偷逃走了。

節省成本的間接民主？

間接民主和直接民主是相對的概念。因為要把所有人集中起來投票，實在很不方便，所以先由公民投票選出一些人，讓這些人代表所屬民意到特定地點去投票、開會，幫公民決定事情，以節省「成本」。

但因為現代的資訊較發達，所以在政治改革上，會儘量減少間接民主，以求讓民意能夠完整展現。過去臺灣的總統要經過國民大會投票，自一九九六年開始已改成人民直選。

間接民主可能產生的問題是：民代被「黨意」綁架。尤其分越多層（人民選代表，代表又選代表的代表，代表的代表又選代表代表的代表），被黨意綁架的情形就越嚴重。

多合一選舉

近年來，臺灣將各大小選舉整合成「中央」與「地方」選舉，又因為地方自治有諸多層級，所以出現九合一大選（直轄市長與議員、縣市長與縣市議員、鄉鎮市長與代表會、原住民自治區長與代表，還有里長）。

多合一選舉最大的特色就是會出現候選人的聯合競選，不同層級的候選人可能共用競選總部、廣告看版、宣傳車、紙本文宣等硬體資源，或是組成配票聯盟。當然，如果政黨候選人在某種選舉中表現不好，也可能拖累整體選情。例如連勝文的表現不佳，就重創國民黨在二〇一四年的九合一大選。

單一選區與複數選區

「單一選區」制是在一個選區中只選出一位民意代表，而「複數選區」制是在一個選區中會選出多個代表。過去臺灣的立委選舉是複數選區制，目前已改為單一選區制。

單一選區制會放大得票領先的效果，讓國家比較有機會走向兩黨或兩陣營的政治格局。而且因為候選人會想盡辦法擴張選票基礎以求勝選（過50％才能篤定當選），所以最後通常不太可能是激進或持極端立場的政黨來執政。臺灣採單一選區制之後，想執政的政黨就會拚命往中間靠。

臺灣各級地方民代選舉仍保持複數選區制。複數選區讓小黨或無黨候選人較有爭取選票的機會，因為只要10％至20％的得票就有機會勝出，這也讓一些主張或候選人特質比較罕見的人有機會勝選。

比例代表制

臺灣有所謂「不分區立委」，是由「政黨票」得票比例來劃分席次。因計算方式複雜，大概只有不到一成的公民清楚其原理。簡單來說，一個政黨要分配到不分區立委席次，需要先提名十個區域立委候選人（就是前面的單一選區候選人），才能夠提名不分區候選人，接著要在「政黨票」中得到5%以上的選票，才可以參與分配席次。

超過5%得票的政黨，會依這些黨的得票比例，來分配三十四席的不分區立委席次。

相對來講，選民去投立委時就會拿到兩張票，一張是你戶籍所屬的區域立委票（或原住民立委票），上面會列出一位位候選人的大名；另一張就是政黨票，上頭只有參與不分區的政黨可以選。你當然可以選擇兩張票投不同政黨，這種「分裂投票」也是政治人物進行選舉操作時的重點。

二〇一六總統大選中，政壇討論的焦點之一，就是王金平能否拿到國民黨的不分區第一名。只要排在國、民兩黨的不分區第一名，因為這兩黨實力一定可以過5%，就等於宣告已經當選，因此王若排在第一，就可以維持他的政治能量，而牽動政壇情勢發展。

這種選制的問題在於小黨非常難勝出，因為要拿到5%的選票非常非常的難，馬英九一個堂堂的總統都當到只有9.2%支持度了。因此接下來可能修法調低門檻，讓小黨有生存的空間。否則小黨本來在區域就不容易勝出，不分區又分不到，那真的是不用玩了。

不管採用哪種制度，不要一直更改，讓選民可以熟悉、適應，總是較好的發展方向。對於政治人來說，也比較好經營選區，因為需要50%得票的立委和10%得票就能當選的議員，會有不同的選區經營方式，前者可能會強調政策和候選人特質（文宣），後者可能就會著重在人際關係的連結（組織）。

第6堂 一人一票，真的是票票等值嗎？

在臺灣，不管男女老少，滿二十歲就有一票。即便郭台銘有再多鈔票，還是只有一張選票，和你一樣。

但我想你也會質疑，郭董那麼有錢，應該還是比你有能力影響大選吧？雖然我記得郭董跳出來助選的對象，最後吃鱉的比較多，但有錢的確會對政治產生不同的影響力。有人甚至主張要讓郭董多一些選票，因為他繳很多稅！

可不可以多一票？

這就涉及「一人一票」與「票票等值」這兩個概念了。我們之所以會採用這種模式，有「科學」及「倫理」的雙重道理。要證明這一點，我們需要一個「破題」。不妨看看下面這種反對一人一票的論述：

「你不覺得有些人應該有比較多張的選票嗎？繳稅多的人、學歷高的人、有社會貢獻的人、聰明的人，都應該比較多票呀！那些寄生蟲、連自己都養不活的人、沒讀過書的人、犯罪的人，都不應該給他們選票！」

這種想法很常見，我相信你一定聽過類似的版本，或許你也抱持這種主張。有趣的是，持這類主張的人，通常都認為自己是「該有選票的這一邊」，而非「不該有選票的那一邊」。

好，不管這種論述合不合理，這至少代表大家認為自己手中選票的價值「最好高一點」。那為什麼我們現在會一人一票呢？

雖說「天賦人權」、「人生而平等」，但這只是自由主義者的理論，並非絕對真理。包括投票權在內的「參政權」，其發展有非常坎坷的歷程。一人一票並非天經地義，而是透過許多衝突與妥協的事件，才慢慢具有今日的形態。

所以一人一票也是個「演化」出來的概念，其牽涉到的問題是「到底誰能夠成為公民？」

要找出之所以一人一票的理由，我們同樣要來進行一場「想像的歷史」。

想像的歷史

前面提過，原始人一開始是比力量，殺來殺去，最後累了，開始比人頭，人頭多的勝出。好，那什麼「人頭」算「人頭」，哪些「人頭」不算是「人頭」？

很明顯，男人之中能打能殺的，就可以算是「人頭」，因為他們能影響集體事務，也就是「政治」。所以最早擁有「一票」，可以參與社群事務的，就是身心健康的成年男性戰士。

某些男人會透過爭奪和繼承而擁有越來越多的資產，在社群中處於優勢地位，時間一久就成為「貴族」，這些集體議政的貴族，就被我們視為早一批的「公民」。

隨著社會發展，制度穩定，有許多新興勢力出現。他們可能是起兵作亂的軍閥，或是剛致富的商人。這些新勢力擁有某方面的實力，卻沒有政治影響力，因此開始逼迫原有的「公民」釋出參政權。

如果舊公民不肯釋出政治權力，擁有實力的新人就會發動武力衝突，殺得你不死也半條命。為了「成本考量」，以和為貴，傳統勢力通常會選擇妥協，讓新人也加入決策圈。

「公民」的組成分子，在「老貴族」之外加上了「新戰士」，還有「成功的商人」，這個「公民餅」就隨著社群發展越做越大。

在資本主義興起與工業革命之後，商人的力量獲得更進一步的擴張，同時中產階級也出現了，因此想擁有公民權的新人也越來越多。

怎麼區別誰可以擁有公民權呢？

一直革命，一直協商真的很麻煩，那就定出法律，只要繳到一定數額的稅，代表你是有一定貢獻的社會人，具有相對的影響力，所以你就可以投票嘍。

當這些工廠主、企業家掌握權力後，便開始利用政府組織壓迫旗下沒有政治權力，無法透過法律對抗老闆的工人和雇員。於是工人也開始不滿了，認為自己才是工廠能運作的關鍵啊，怎麼可以壓榨我呢？激烈的工運和革命在各地發起，強烈衝擊政治體系，也破壞社會安定。

再次，又是因為「成本考量」，大商人也決定讓工人享有投票權，這樣他們總能滿意了吧。農民也是因為同樣的原理被地主壓榨，接著暴動，進而獲得投票權。

到了最後，只要滿一定歲數，就給你投票權了啦！

但此時社會上還是有超過半數的人沒有公民權。是哪些人呢？女人。

大多數人並不清楚，女性是社會主要群體中最晚獲得平等參政權的。當她們開始接受教育後發現：「奇怪耶，為什麼老娘沒有投票權咧？我做事能力又不見得比男人差，而且生小孩也只能靠女人呀！」於是女人就在家裡抓著男人頭往牆上撞，最後女性也有投票權了。

到了這個地步，終於可說是「一人一票」。但這已經是二次大戰之後的事。

演化的制度

上述這個「想像的歷史」，是以理性方法進行的推估，和真實的歷史狀況有點出入，而且也遺漏了種族的部分（黑人的投票權）。但透過這番推理，我相信你已經能夠體認「一人一票，票票等值」是透過政治運動不斷努力才爭取得來的，並非天經地義。

你還是可以堅持主張「繳稅的人才能有投票權」，但我要提醒你，這點早就有人主張過了，而且這種想法在歷史發展的過程中已被淘汰。「學歷高的才有投票權」、「有貢獻的人才有投票權」也都曾有人主張，一樣都被淘汰。

這些人認為「讓少數精英獲得較大政治權力」可以讓社會更好，但事實上，得到政治權力的少數，總是會用這權力來謀取自身的利益，造成社會的不穩定，並且讓整個社群無法追求卓越。

一人一票的普選制度雖然也有缺點，但相對於其他的制度，因為讓所有人都有發聲的機會，反而較能維持社會穩定，並協助社群成員追求卓越。

這制度是經過優勝劣敗、適者生存的考驗而演化出來的，一定有它「之所以活下來的理由」，不但有科學上的合理性，也因為其平等的特質而更有道德上的正當性，在背景環境沒有改變之前，仍會是民主社會的主流。

而且「投票」只是要推舉或篩選出極少數的首長或民代，如果一個人真的很優秀，那就不該只讓他手上多一、兩張票，而是該讓他「獲得幾萬票」以成為政治人物。

票票等值

雖然已經一人一票，不過某個技術性的問題，還是可能造成某種意義的「票票不等值」。臺灣現行的選制規劃，會讓某些人的選票相對來的「大張」一些，比如說金門、馬祖等離外島選區，或原住民立委等等，都只要相對較少的票數就可以當選，這也代表幾千人就可能推出一席國會議員，而都市選區的一票價值就低了許多，可能要幾萬票才能選上一席。

這種不等值也是「演化」出來的結果，之所以會讓那些選票「特別大張」，是因為這些地區或族群太小，權益容易被忽略。而因為先前立院席次減半，才相對讓這些選區的票看來「大張到有點顯眼」。

不只是學者，多數政治人物也認為這狀況需要調整，但不是直接減少這些特殊選區的席次，而是增加整體議席，像是把立院總人數增加兩倍，甚至四倍。

第7堂 我的投票權去哪了：投票年齡的限制

雖然大多數社會成員都已經擁有投票權，卻仍存在一條「最後的疆界」——年齡。我想多數人都認同不應該給嬰兒投票權，但要多大年紀，才適合擁有投票權呢？

現有的成年規定（十六、十八或二十歲）好像是個「適切」的標準，但這個標準怎麼來的？合理嗎？

重點在於，為什麼我們在政治上會排除年紀比較小的人呢？

排除的理由

其實年紀多大可以有投票權是來自社群成員的習慣約定，而非「科學」。許多老人的智力已退化到和幼兒差不多，但我們也不會輕易或主動剝奪他們的投票權。相對來說，你也不是到了二十歲那天，智力就會突然成長，政治意識就會瞬間灌進大腦。

更重要的是，在科學上，我們無法建構出一個量化標準來測定「什麼年齡的人就擁有足夠的政治判斷力」，因為我們連「政治判斷力」是什麼都定義不出來。

你只要想想，綠軍老是認為國民黨人都是白痴，藍軍也認為民進黨信徒全是智障，就知道「政治判斷力」的概念有多模糊和充滿歧義。

因此排除未成年人的投票權，只是基於「社群其他成員的執念」。就是瞧不起下一代啦！認為他們就是小屁孩。一開始歐美各國的屁孩界線是二十一歲，現在則多半已經往下調整。為什麼會往下調？不是「執念」嗎？

修改界線的理由很簡單，只要這條線以下的屁孩搞出一些大事，讓老人們刮目相看，或許就有機會取得政治權力了。像是太陽花學運之後，臺灣開始認真思考是否將投票年齡下修到十八歲，就是因為年輕人展現了政治上的影響力。有沒有想起前一節各種新興勢力爭取投票權利的例子？這都是同一個理路。

所以說不定往後也會讓十六歲，甚至十四歲的人取得投票權，只要他們展現出政治影響力的話。

投票執照？

我們之所以要拉一條線，是因為年紀太小，的確會缺乏足夠的影響力與判斷力。但為什麼要拉一條年齡線，而不用其他方式來評量孩子們的政治判斷力與影響力呢？

這就牽涉到年齡限制的優點：「成本比較低」。又回到成本比較低了，但這年齡限制，是比什麼方法的成本來得低呢？

是比考「證照」來得低。

有些人主張，我們可以舉辦「公民考試」，就像考汽車駕照一樣，你通過公民考試，對政治、法律有足夠概念，就可以取得「公民證照」，你之後就能（才能）投票。

這說法也有一些人支持。反正只要全民都可以自由報考，就不會影響參政權了嘛！不想投票的人，也不需要花時間去考。

但問題在於舉辦這個考試的成本很高。首先，你要有人教公民考試的內容，而且也要準備闈場印製考題、在全國高山離島廣設考場，請一大堆工作人員防止作弊，收費也不能高到窮人考不起。枝枝節節一大堆以外，這種考試題目還可能被惡意設計，通過的都會是某種政治傾向的人，就會造成不公平了。

考量以上問題，年齡限制還是比考試方法優越。至於政治相關知識與能力，就放到國民教育補足。

年齡限制的受害者

不過講到年齡，多數人比較在乎的點，是有些非常聰明的人，因為年紀小而不能投票，而年長的人呢，卻很多笨到你覺得他投票會對國家造成危害的。這問題該怎麼解決？

這樣的狀況的確有點不公平，也可能有一些道德疑義，但還好年齡限制最多二十年（假設你連爬都不會就是政治神嬰了）即會解除，依合理餘命計算，聰明的人還有六十年可以投票，損失應不至於太大。

年長卻很笨的人呢？政治想法很簡單的人呢？我們也不應隨意取消他們的投票權，因為他們很可能只是價值觀與我們不同，或是聰明才智的展現領域和我們不一樣，如果隨意取消他們的投票權，將來可能有另一票人基於類似的理由而取消我們的投票權。所以啊，還是保守一點好，不要亂增加「刪除公民權的可能性」，就讓他們投吧。

目前絕大多數國家將投票年齡設定在十八歲，臺灣算是先進民主國家中極少數還在堅持二十歲的，連中共都是十八歲投票（但有沒有機會投，就是另外一回事了）。少數民主國家或地區甚至把投票年齡下修到十六歲。

有些人還是會擔心，如果有天把投票權下修到十六歲，或者十四歲，國家會不會陷入混亂？

於此，我只提供兩個思考方向，你自己推敲看看。

第一，沒有科學證據指出十八歲、十六歲，甚至十四歲的人在政治判斷力上會有什麼「必然」的差別，也沒辦法證明他們取得投票權會產生什麼嚴重的負面影響。你會害怕青少年，其實是基於「信仰」或「歧視」。

第二，如果十四歲的人已經能有政治判斷力和影響力，你卻不肯給他們投票權，那麼社會鐵定會更亂。因為他們有「政治實力」的話，就會組織起來爭取些什麼，甚至發動革命。

想想太陽花，再想想反課綱運動的高中生。很多老人堅持他們背後一定有成人操控，不然「不可能做到那種程度」。真的嗎？

二〇一四年三月二十三日晚間的行政院衝突，多數人只看到員警暴力，而我卻意外得知驚人的另一面。當晚學生很快速的建立補給線，從外頭源源不斷的送飲食進行政院，直到占領者被警方團團圍住，裡頭居然還有熱食熱飲可供取用。

我得知這件事之後，去電給認識的政治人物詢問，沒一個人知道在深夜要怎麼生出上百份熱食和咖啡，並且建立「宅配路線」突破警方的包圍送進去。

你堅持這一切都是「大人」指揮的？那他們這些年輕人是怎麼辦到的，你教我。

還是不信的話，我建議這些「成人」自己試著發動一次類似的行動，你就會知道這些年輕人有多厲害。

別瞧不起小朋友，真正該被瞧不起的，是沒有好好運用手中寶貴一票的成年人。

第8堂　我的投票權去哪了：還有一些人不能投票

除了年齡限制之外，還有兩類人無法投票。第一種是沒有投票權的成年人。另外一種是因為各種特定因素而無法投票的人。人的確可能在成年後失去投票權，但必須經過非常嚴格的認定過程，以免被當成政治迫害的手段。

在各種可能失去投票權的狀況中，最常見的就是「褫奪公權」，只要是六個月以上徒刑，法官認為有褫奪公權之必要（例如這人是當官撈錢被關的），就會被宣告期間不等的褫奪公權，在褫奪公權的期間就無法投票。

另一批是因為精神疾病或智能障礙，為了保障他們的權益，而被申請禁治產的人。這也需要經由司法機關的審核。在正常的狀況下，如果你沒犯罪也沒瘋，是不會突然失去投票權的。

笨人應該被限縮投票權？

有些人主張，不到嚴重身心障礙的程度，但只要是相對比較笨的人，還是要限縮他們的權力，因為他們可能做出愚蠢的錯誤判斷，反而害了大家。這種說法前面提過了，我也指出同樣的理由也可能被用來迫害你，除此之外，「笨人不應有投票權說」還有以下兩個問題：

第一，笨人更需要權力來保障他們自己。如果他們沒有投票權，就更不會有政客理會他們的死活了。這個道理換個角度想就知道：很多人認為政治很髒，所以他們不屑投票。但你不去投，政客就更不會考量你的福祉啊！就把你的權益搬去分給他的選民就好。反正你餓死街頭也不肯投票呀！

第二，這牽涉到「社群共同善」的概念。像是貪污之類的犯罪者之所以會被宣告褫奪公權，是因為他們傷害了社群的「共同善」，破壞了其他社群成員追求卓越的基礎，所以我們不再信任他。

可是笨人通常只傷害到自己的「個人善」，不會傷害到社會「共同善」；你要說他的一票會造成什麼「選舉結果逆轉」，也太誇張，且缺乏實證。他們的影響真的沒那麼大。

價值多元性

貪污犯被排除在政治領域之外，是因為我們曾經信任他們，而他們的表現讓我們失望，又傷害到我們的共同價值，因此將之排除出去。至於因心理障礙而被排除的人，則必須是顯然無法自理生活，當然就更不可能參與政治活動。

大家也該注意到，不論是判決貪污罪成立而褫奪公權，或是定義精神疾病或智能障礙，都有特定的價值觀在背後運作。我們應該追問這種價值觀是良善的嗎？還是有可能排除一些不應被排除的人？

的確有可能。

只要錯殺一人，這個制度在倫理上就無法被證立。或許這制度「很方便」，但如果你有可能成為「很不方便」的那一位，這制度就該被檢討。

許多政治狂熱者都被當作是瘋子，有些魅力型的領袖也常有偏差或變態的行為表現，只是因為他抱持和你相同的政治立場，因此你不以為意。

但如果換了另一種價值觀的人主政，這些人的投票權利就可能會被排除了。因此在確認「這個人是精神病患」並剝奪其投票權時，必須非常小心，法官通常會將之限制在科學與客觀的領域中。而這種「排除」也不會是永久的，大多都有救濟的機制。

不在籍者

還有一種是因為受到人文自然環境限制而無法投票的人，最常見的就是選舉當天執勤的軍警公務員。雖然目前會盡可能讓他們調配半日休假以便投票，但在高山、離外島執勤的人，還是會因為趕不到投票所而損失投票權。

從此延伸，多數的僑民、留學生、在國外的臺商與臺勞，也可能因為成本考量無法投票。當然，我們應該想辦法滿足他們的投票意願，通訊投票就是一個可能的手段，但如前所述，目前還有許多實質問題有待解決。

從僑民的身上，又會引發另一重爭議：他們雖然有國籍，可是根本不住在臺灣，甚至只有投票、看病會回來，那我們為何要讓他們保有投票權？住在臺灣的人才有資格投票呀！

這個問題可以刺激我們往兩個方向來思考。第一，臺灣是世界上少數允許雙重國籍的國家，因此產生大量的「雙重國格人」。要繼續保持這種國家認同錯亂模式嗎？

住民與公民

第二，若你認為應該由住在臺灣土地上的人來決定投票權，那麼臺灣土地之上，有很多成年人也沒有投票權，人數最多的一群，就是外勞與外籍配偶。他們長時間在臺灣居留、工作、生活，部分還有意願成為臺灣人。不過在滿足資格限制之前，他們連國民都不算，更別說是公民了。

但如果你主張「臺灣住民自決」，似乎沒道理排除這些人。請想像這個情境：有天臺灣發生大革命，推翻舊政府，成立新政權，這些「外勞」、「外配」如果對於建國有功，那要不要給他們公民權呢？

我們現有的公民權，都是來自於政府法律所提供的保障。政府倒了，法律當然失效，我們有沒有公民權，全看下一個政府法律怎麼規定。如果新政府決定承接舊政府的公民權法規，那可能「外勞」還是會被排除在外，但這樣就有歧視的成分在了。

蘇格蘭之前舉辦獨立公投，採用的不是公民投票，而是「住民自決」，在蘇格蘭居住六個月的人就有資格投票。為什麼？因為他們是要從英國獨立出去建立新國家，所以會產生一批新國民，那國民怎麼來？當然就是住在上面的人啦！因此只要是住在這個土地上的人，都可以來投票。

你能接受這種概念嗎？這種想法才合於政治倫理學的推論。

或許我們也不用老糾結在「獨立」或「統一」這組概念之中。隨著全球化越來越快速，各國都會吸納大量的外籍移工，而且因為少子化的問題，可能會允許他們長期居留，甚至成為國民。連日本這種保守國家都在考量讓外籍人士長期居留，甚至可以申請成為「日本人」。那臺灣呢？

我們遲早需要與大量不同語言、信仰、文化的勞動者一起生活，當他們人數夠多，就可能爭取政治權力。基於我們前面推論過的模式，只要他們展現出參政的力量，就很可能在將來取得投票權。

你做好準備面對這樣的未來了嗎？

第9堂 我可以不參與或不理會選舉嗎？

先講結論。你不去投，政客就不會理你。這前面已經講過一次了，還記得是在哪邊嗎？

在講笨人那邊。

在二〇一三年臺灣的公民運動興起前，多數臺灣人對於政治有長達數年的冷漠期，不論是藍軍或綠營的支持者，大家對於馬英九政權都抱持著一種漠視的態度。

那在之前就很熱情嗎？也不盡然。一九九〇年代，我在大學時搞學生自治和學生選舉，就對「政治冷感」有很深切的感受。臺大雖然有一萬多人，但搞來搞去永遠都是那十幾二十個人在弄。那其他人在做什麼呢？過著一種「去政治」的生活。

對政治的冷漠感

雖然更早之前的國家選舉，投票率通常都可以高到七、八成，但大多數的公民看待政治或選舉，仍以負面觀感居多，真正一頭熱的只有相對少數的政治狂熱者。

或許狂熱還不是「相對少數」，而是「絕對少數」。

為什麼會這樣？這可能和長期的白色恐怖有關，也與白色恐怖之後的黑金政治有點關聯，導致民眾對政治或選舉有種無力感，這種無力感慢慢轉變為憤怒，最後就是不屑。

還有一些臺灣人認為談政治就是藍綠對立，會傷感情，也因為這樣的態度，他們對政治缺乏進一步的知識與理解，也難以進行深入的討論與參與。

這種負面態度透過家庭教育一代傳一代，造成子子孫孫對於政治的全面冷漠。日本就有這種問題，安保抗爭失敗，讓戰後嬰兒潮世代退出政治活動，間接也影響到他們的下一代，直到目前還無法喚起年輕人們對於政治的熱情。

由冷轉熱

差不多是在洪仲丘案前後，臺灣社會開始進入政治態度「改變期」。大學教改讓幾乎所有的年輕人都讀過大學，有機會接觸到「批判思考」，這會讓他們選擇對政治表態。

同一時間，執政的國民黨又陷入嚴重的施政泥淖。在各方面條件俱足的狀況下，臺灣進入社會運動的頻發期，洪案的公民1985、太陽花、反核四，一波接一波，讓臺灣社會「動盪不安」。

這種新力量也衝擊了傳統的選舉模式，讓柯文哲這種前所未見的候選人類型能順利當選。這代表「選舉」這種體制內與傳統的活動，的確可以和非體制的、嶄新的公民運動行動結合，並且發揮力量。

許多政治人都相信，只要能團結起來，尋常公民也是有機會改變政治的。反而是一般百姓不相信這點。當然，如果能用「投票」來擊潰對手，在「成本」方面一定比上街頭、占領立院、被打到爆頭要來得好的多。

別期待政治家

如果還是不想參與政治呢？這也沒關係，不參政或不投票，也是一種表態，但你要自己清楚以下的負面影響。

前面已經提過的，你不去投票，人家就不會理你，會直接把你的權益移去給他自己的選民。你家前面本來照輪要重新鋪路了，但你這裡的人都不投票，那政客就會把錢移去他的地盤鋪，即使那邊去年才鋪過一次。

也許某些有良知或是秉持公平正義原則的「政治家」會幫你著想，但這種人不多，因為政客比較容易透過利益交換而當選，但政治家通常要花心力進行政見宣導，其理念沒那麼容易奏效。

而且你不去投票，就代表你不屑政治人物，認為他們都是政客。那好啦，像你這種人格高潔的人又不出來選，也沒有自己能認同的品格代表，那怎麼還會有良善的政治家呢？

明智的選民

其次，有些人不去投，是因為認為別人投票比較明智，由他們來決定就可以，自己對於大家的決定都沒意見。

當然，講「選民是明智的」並非諷刺的話，許多政治人是真的這樣想。個別的選民可能很蠢，但是經由眾多選民投出幾千、幾萬、幾十萬、幾百萬票之後，所形成的這個「集體意識」的確是明智的，是政治人物只能屈服而難以對抗的。

所以呢？你當然可以相信這集體的智慧，但你也要小心，有時集體的明智可能對你不利。若你是既得利益者，選舉所形成的新民意，或許打算剝奪你現有的財產，以進行更公平的社會重分配。

如果你也是個正義的人，可以接受這種公平正義觀，那當然就沒問題。但如果你有私心呢？你捨不得自己的18％退休金呢？這時你還是需要推派你的政治力量去抗爭，想辦法協商、討價還價，像是18％不行，那改15％行吧？12％呢？

或許你也認為這些利益在道德上可能是錯的，但你真的捨得嗎？我可以告訴你，在實務上多數人都捨不得。

投票的門檻

最後要談個學理上的精采論戰，來自一些學者對效益主義（主張追求最大多數人的最大效益）的批判。效益主義者會如何計算「要不要去投票呢」？

假設明天要選臺北市長，若我不去投票，新的臺北市長還是可以選得出來，不差我這一票，但我可以提早開車出發去宜蘭玩，一方面可以避免投完票之後出現的車潮，另一方面又可以提升宜蘭在地的經濟。所以我明天不該去投票，應該一大早就開車出去玩。

如果全臺北市都是效益主義者呢？就會出現沒人投票，所有人六、七點就塞在高速公路上的神奇狀況了。不但沒有原本預期的正效益，反而負效益大到不可思議：市長低票當選，可能會引發政治動亂！

很多人的確是因為類似效益主義的想法而不去投票，當這種人多到一定程度，跨過某個關鍵門檻，「不投票」這事就會產生負效果。但問題就在於這個門檻該怎麼拿捏？

直到現在，效益主義者都還舉不出一個有效的解決辦法。所以我們建議，如果沒什麼其他重要的事，最好還是去投票，因為通常來講，去投票的效益比較高。

腦筋轉得快的讀者可能已經想到，政治人物也很常運用上述理論。他們總是強調「你」就是那關鍵的一票，你不去投，他就要跳海了。但他很清楚你的一票根本不重要，可是如果不這樣騙，就不會有人去投了。

這的確是政治人物都會採取的騙術，也是非採取不可的騙術，選舉末期一定會出現的「搶救潮」，就是要用這招騙人。

但「搶救潮」又是怎麼一回事呢？這就牽涉到選舉實務技術了。我們要離開學理的部分，開始進入「實戰」啦！

參戰

第10堂 什麼是初選？

我們就從選舉最「頭」的部分開始談起，也就是報名初選。對多數百姓來說，當你開始意識到：「啊，要選舉了！」通常是看到媒體上討論各政黨的初選過程。那初選又是什麼呢？

簡單來說，「初選」是各政黨篩選自己「提名」候選人的機制。並沒有什麼法律上的規定，所以各政黨可以自行擬定初選規章，也因此產生出非常多元的初選形式，不過，最主要還是以「黨員投票」及「民調」高低為決勝點。

提名的重要性

如果能拿到主要政黨的提名，那可不得了。不但可以獲得一大堆「政黨空氣票」（只要你掛這個政黨招牌就會投票給你）的灌注，國民黨這類有錢政黨的提名人，還可以獲得黨中央的補助款。至於民進黨的黨公職，不但分不到錢，還要募款給黨中央呢！很多地方民代就常抱怨黨中央又來勒索「保護費」。

「提名」對候選人有很大的加分，為了搶這個「大祕寶」，通常每個選區都會產生些衝突與爭議，特別是「政黨鐵票區」。為了解決提名爭議，最能服眾的做法，就是舉辦公開初選，逐步篩選出黨內提名候選人。依黨籍管理模式，政黨可分剛性與柔性兩種。臺灣的兩個主要政黨「國民黨」、「民進黨」都是剛性政黨，有嚴格的黨員管理規定，而「新黨」就是來去自如的柔性政黨。對於剛性政黨來說，要爭取提名，就必須符合政黨的核心價值概念，以爭取黨員及外圍支持者的認同。

在臺灣，雖然有「勞資」之間的對立，近年也有「世代」之間的衝突，不過講到政黨認同，還是以「藍綠」、「統獨」為主要分野。所以臺灣政治光譜基本上是「單維度」的，與其他民主國家是「2D」座標（「左右」與「個體對社群」），甚至「3D」立體架構不同。這也讓政客在操作選舉上比較容易。

「初選」原本的理念是提出一個「最好」的候選人（這個「好」指的可能是勝選實力最強，或是人格條件最佳），但因為制度設計上的漏洞，最後通過初選的人，通常是「最能掌握初選制度」的人。

此外，初選還可能選出「真正大選比較選不上的人」。有些「大選體質」比較好的人，可能立場比較中間或不擅長操作黨內初選，所以沒辦法脫穎而出，黨反而會推出弱點較多，或者是沒辦法適應大格局選舉的弱咖。

應該提名「最好」的人，最後卻提名一個「最懂制度」的人，這不僅是「黨內民主」的效率問題，也是個倫理問題。就像選舉是要選出「最會執政」的人，但卻老是選出「最會選舉」的人。

初選的演化

如果不辦初選，黨內又會私下角力，殺得腥風血雨，元氣大傷，所以黨內初選就算有荒謬性，多數人還是接受這種「演化」出來的較佳解決方案。

普通公民不知道初選制度也是演化出來的結果，而且不同政黨間還會「趨同演化」！當其他政黨擁有相對優越的初選制度時，你若還保留較舊的初選制度，遜咖出線的機率高，就會在大選中被比下去。所以在臺灣，當民進黨開始提出新的初選制度時，國民黨就會立刻學習（抄襲）。

因為初選規章或辦法通常都有彈性，所以各政黨都會想辦法修正，以避免內在荒謬性影響到真正的大選。不過有時是避無可避，最具代表性的例子就是二〇一六年總統大選的洪秀柱。雖然國民黨一直調整規章想要「防磚」、「防洪」、「防銹」、「防蛀」，但最後還是失敗，她仍通過初選順利出線。

不過，她在選了三個多月後，因為表現不佳，民調越來越低，後來國民黨乾脆連規則都不修，直接召開臨時黨代表大會廢止洪的提名，並徵召朱立倫代表國民黨參選總統。這種做法當然不太漂亮，太過人治，容易招來批評。

政治人通常認為「改善初選制度」是提升政黨競爭力的關鍵。如果政黨缺乏穩定且良性的初選制度，自己人就會利用初選作弊，對手也會利用初選來傷害你（想想綠軍在國民黨初選時，把洪秀柱民調衝到46%的例子）。

不過還是要強調，在「演化」出「初選」之前的年代，許多候選人能拿到政黨提名，只是因為跟黨主席比較熟，這種制度當然更不健康，也更容易被外人見縫插針。

別以為政黨領袖都英明到能挑出真正的戰將，或是不會有「內奸」亂提名。不妨想想馬英九、連戰、李登輝這些國民黨黨主席。

所以，即便是有問題的初選制度，都比直接由黨內少數權力者決定提名的制度來的好。

輸了不認帳

當然，就算有公正的「初選」也無法避免落敗者的脫黨潮，因為不服輸的沒品政治人很多。很多人初選沒有過，但在過程和同黨競爭者有磨擦，心有不甘而脫黨參選；或是本來就堅持要選，參加初選只是看能不能有黨提名再加點分，輸了也是一樣出來，被開除黨籍也不怕。

國民黨不提，他就跳去親民黨來選，民進黨不提，就跳去台聯或時代力量，沒有「雨天備案政黨」要提名，就自己組黨或無黨出來選。雖然這樣搞的人很多，但依過去的選舉結果，這種脫黨參選者的當選機率並不高。

為什麼這樣搞也選不上呢？

以道德面來看，你都已經答應參加初選了，可是輸了又反悔，這當然很難在道德上拗得回來。言而無信是政治人物最大的致命傷。而就實務面來看，你初選都贏不了，代表你某方面實力比其他競爭者弱，硬拚下去當然也難有勝算。此外，你是先參加大黨的初選，輸了才去小黨，但小黨能灌給你的政黨票一定較少。再來，脫黨出來選，就是在一選區中分掉同一政治屬性的選票，只會弱化彼此。

所以碰到候選人來請教我脫黨參選事宜，我通常會勸阻。但他們之所以會想不開，其實都是因為身邊有人一直進讒言。一個政治人物連分辨真話的判斷力都沒有，那還是輸一輸算了。

一路看下來，我知道讀者一定會對這個問題有興趣：政黨提名到底能灌給候選人多少票呢？為什麼大家要為此拚死拚活？

這個問題沒有標準答案，但我們一般認為，在都市化越明顯、選民越年輕的地區，「政黨提名」的選票加成非常顯著。

臺北市主要市議員候選人的樁腳票，頂多就是三千到八千票，但如果獲得國民黨或民進黨提名，大概都能多灌進至少一萬票以上。而在臺北要選上市議員，至少要一萬五千票，所以如果沒有黨提名，新人在臺北幾乎無法當選。

在農村選區，黨提名的影響通常較小，候選人自己的人脈經營才是關鍵。可是近年中南部有許多無黨籍或國民黨的議員開始轉投民進黨，因為他們發現國民黨的提名加成非常有限，甚至是負的，因此大舉投奔民進黨。

但他們沒什麼「黨性」可言，隨時可能因為一些利益叛逃，臺南市議長選舉中，民進黨議員跑票就有這種背景因素。

第11堂 要怎麼獲得政黨提名呢？

現行各政黨對於獲得政黨提名資格的規定不一，國、民兩大黨透過初選和協調，同時也會徵召。親民黨、台聯、新黨、綠黨、時代力量等小黨通常沒有初選，跟黨主席較熟，或在地方上有派系實力，就可能以徵召方式拿到提名。

初選決勝負的主要標準有二：第一是黨員投票，第二就是民調。

黨員投票

國、民兩黨從二十幾年前就有初選，一開始是由黨員投票，黨員必須固定交黨費，才能在特定時間前往黨部設立的初選投票所投票，並以投票數高低決定黨提名的候選人。

以黨員票為主，就會有「人頭黨員」的問題。政治人物可能幫一狗票人辦入黨，代他們交黨費，等選舉時，再派車載這些人頭黨員去投給自己。因為黨費不貴，所以常聽聞政治人物一養就是好幾百、好幾千人。

以往民進黨在南京東路某學校辦黨內初選時，就可以看到門口都是一車車載來的「公媽」人頭黨員，下車都還搞不清楚自己要幹嘛，以為是來吃飯的。這樣搞，當然大金主就會不斷勝出，所以後來黨員票在初選中的比重才會逐漸下降，甚至完全消失。

此外，因為政治意識形態比較強烈的人才會入黨，所以要拿到黨員票，可能就會刻意走極端主義路線（深藍或深綠），藉以撈到較多的黨員票。這會讓獲得提名的候選人比較難以吸引中間選票，進而丟失大局。

連勝文和丁守中在臺北市長候選人初選過程中，前者不斷打深藍的議題爭取黨員票，也因此打敗丁守中。但事後各方認為，這讓連勝文的選票基礎縮小不少，或許丁守中出陣不至於輸到那麼多，甚至有機會贏。

初選民調

由於黨員投票充滿問題，因此民意調查已成為決定初選勝敗的主流方法，許多初選甚至百分之百由民調決定。

民調有很多種形式，為了不被對手干擾，或是被候選人破解以失去公平性，各政黨在操作上都將細節視為高度機密。以下我只談幾種最常見的民調形式，以及其對選舉的影響。

最原始的初選民調，就是如一般媒體做的粗略民調，是針對選區內的合格選民進行民意調查，通常會做到一千個樣本以上，最近幾年會做到三組總共三、四千個樣本，希望將誤差儘量縮小。

為了呈現出候選人真正的政治實力，或者是確定受訪者是政黨鎖定的族群（以免被假藍軍或假綠軍影響），現在也有所謂「排藍民調」或「排綠民調」，民調公司會先偽裝成其他民調團體（例如大學或研究機關），並以其他主題名義進行民調（如要作總統民調，卻裝成縣市長民調），先確認樣本是他們要的族群（受訪者的政治傾向）之後，再來進行真正的問題詢答。

你可能接到一個民調電話，問了二十幾個問題，但對方真正想做的只有其中兩、三題。

除此之外，還有幾個初選民調的專有名詞，像是「對比式民調」跟「互比式民調」。洪秀柱的初選民調中，黨部與洪陣營就一直在爭執這兩者比重應該各占多少。

「對比式民調」，就是一般大家最熟悉的那種兩黨對決式結果，例如「蔡英文對洪秀柱是40％對20％」。

「互比式民調」，則是黨內所有參選人來互相比較。互比式有很多做法，比如說直接問選民：「王金平、洪秀柱、朱立倫三個人中，你比較支持哪一個當總統？」也有把所有敵我候選人（王、洪、朱、蔡、宋、施）都拉下來做撒尿牛丸一起比，更有將兩個初選競爭者分別和敵對政黨的候選人先「對比」，得到數據後，自己人再來互比。

有些人認為對比式民調比較容易被對手操作（比如說洪蔡對比，洪就被綠軍炒高），也有人認為互比式民調才容易被對手操作（像是丁守中和連勝文的互比民調，丁陣營就認為綠色選民刻意灌給連勝文）。

其實兩者都有可能被對手選民操作，如何讓被調查到的選民沒意識到這是初選民調才是最重要的。

不論是多專業的人來操作，傳統民調都被質疑有準確性的問題。例如民調通常都是在晚上七點至九點間打市話，可能都被老人接走，因此樣本也許有太過集中於某一族群的問題。但這在計算時調整一下年齡權重就可以解決，根本不是個大困擾，而且現在也有機構發展出手機民調的技術了。因此對於民調的質疑雖多，但在可預見的將來，以民調為主的初選制度應該不會有太大改變。

徵召

大黨可以走初選，跑民調，小黨就不太適合了。小黨往往連找候選人都有困難，更別說是報名者多到要初選；就算有人來爭，也是茶壺內的風暴，一堆沒實力、沒知名度的人在搶位子。而且就算你要做初選民調，也沒百姓知道你是誰，數據保證不好看；要玩黨員投票，小黨人少，更容易買人頭。所以小黨通常都是「徵召」或黨中央「欽點」。

不只小黨會玩「徵召」，大黨有時也會徵召一些候選人。這可能是因為在特定區域內喬不定，怕初選下去會是「刀刀見骨」，又或是沒有人敢出來選的艱困區，都會有徵召的情形。

徵召可能是從選區現有人物中挑一個可以服眾或敢選的，也有從外頭「空降」一個和地方比較無關，但爆發力夠強的人，這些人被稱為「刺客」。但要空降，首先要擺平地方上的舊有勢力，例如國民黨要徵召郝龍斌選基隆市的立委，可是地方上有些反對的聲音，所以將徵召改成初選，以民調解決矛盾。

徵召的第一考量通常是知名度，因此許多政黨會提名媒體曝光率較高的藝人、主播、名嘴、運動明星。像一些很難選贏的「艱困區」，因為是死馬當活馬醫，現有政客不想耗損實力，就會徵召有全國知名度的媒體人或名嘴。

有時徵召也可能提出很弱的候選人，這是因為幾強相爭都不肯讓。二〇一五年苗栗縣「山線」的立委補選，因為劉政鴻、徐耀昌、傅學鵬等各派系喬不攏，所以國民黨徵召已退出政壇的前鄉長徐志榮，各派系認為他沒有什麼「威脅性」，也不會擋到之後的接班安排，反倒願意接受。

不過，就算獲得提名，也不代表會一路坦途，反而有可能是災難的開始。

王金平沒有參加二〇一六年的總統大選黨內初選的重要背景因素，據傳就是因為遲遲無法獲得黨中央在金錢與人力上的許諾。看看洪秀柱之後缺人又缺錢的慘況，你也應該能理解王金平的棄戰考量。

所以獲得政黨提名只是第一階段而已，之後會怎麼發展，還是要看個人的造化。

第12堂 派系對於提名很有影響力嗎？

你在看臺灣的政治新聞時，一定會看到「派系」這個詞。簡單來說，派系就是「黨中之黨」，有時還可以強大到「跨黨」。

國、民兩黨都有派系，而派系的確可以影響初選，沒有派系支持，很難在黨內初選中勝出。在提名之後，派系通常會回歸黨的選舉機制，統一合作，不過也有叛逃或脫黨硬選的。

當然，相對於國民黨，民進黨的派系比較不會在初選結束後堅持硬推人選，通常是個人脫黨為主，這時就會失去派系的支持了。

解散派系的民進黨？

儘管民進黨已公開宣告解散派系，但人總是有親疏之別，你強制解散表面組織，人家「兄弟」還是會結盟在一起。

在二〇一〇年後，民進黨中最有實力的，是如軍隊一般團結的「新潮流系」（簡稱新系），其次是各地執政者的人馬，如「菊系」，還有老將的「蘇系」、「謝系」，蔡英文在中央也有自己的「英系」或「英派」人馬。

各派系的界線不是非常分明，一個人可能屬於兩個系統，派系之間會結盟，或部分結盟（在某縣結盟，在某市翻臉），因此並沒有太穩定的結構。但二〇〇八年後，除了新系外的各派系，都對新系有「很多的意見」，認為他們吃掉太多地盤。

除了有初選的地區外，採取「徵召」與進行「協調」的地區，派系就能對提名產生更大的影響力。

像是新系和菊系結合，把勢力發展到北部，就會衝擊到原本在北臺灣發展的謝系與蘇系，怎麼「喬」出一個皆大歡喜的結果，就考驗黨主席和中常委的智慧了。當然，中常委名單也常由派系割據。

不屬於任何派系的人就會比較弱勢，可能在協商過程中被「優先犧牲」。而像一些沒知名度的政二代，即便民調很低，也可透過關係影響黨中央修改提名規則，直接獲得徵召。

國民黨的兩大派系

國民黨的派系有兩種，一種是政府中央的大老，有連系、馬系等等，吳伯雄也頗有實力。黨務系統中，關中有一批人馬，馬英九上臺後，曾永權也算有自己的家兵。但這些派系對民代席次似乎不太在意，都是以搶中央位子為主。

另一種派系就是「地方派系」了，這主題有很多政治學者研究，想深入探討者可找相關專書來參考。

基本上，出了臺北市，國民黨依靠的都是地方派系。這些地方派系在臺灣各地形成獨特「兩黨政治」，每個地區幾乎都有水火不容的兩派，像紅黑派、黑白派、山海派、黃劉派這種二元對立，也有蕭家班、張家班這種一個主力對抗其他小派系結盟的情形。

隨著老人逝去，這些派系也會不斷分裂重組，而且變化的速度越來越快，你很難用十年前的狀況套用在今日的選舉之中。就像早期兩個派系可能都被國民黨收編，但隨著民進黨壯大，某一邊的派系可能已經全部轉投民進黨，而形成如中央的兩黨政治。

到了二〇一六年大選，「農會」、「水利會」等傳統由國民黨控制的地方派系組織，甚至出現主動向民進黨候選人蔡英文示好的情形，因此「江湖上」正在謠傳，等到民進黨完全執政，這些「只認錢不認人」的地方派系將會大舉投奔民進黨。

整體來講，地方派系通常有錢也有組織，你可以當他是個地區性的小政黨，就算現在已經式微，還是「瘦死的駱駝比馬大」，就算大選時不會贏，但在初選還能有關鍵的影響力。

這也造成國民黨員中沒背景的人難以在初選中勝出，一些優質人材就此埋沒。而這些地方派系要角，就算可以當到縣長，其智識能力也不是在中央可以搬上檯面的人物。有腦的無法出來打，有兵權的卻無腦，這種團隊怎麼勝出呢？

當年李登輝選擇和地方派系結合，雖然在民主化的時代延續了國民黨政權，但也像毒品一樣，總有一天會吸垮身體的。

第13堂 沒有政治經驗的素人也可以成為候選人嗎？

自柯文哲出馬參選後，所謂「素人參選」突然變成從政的「王道」，老派政客（如柯建銘）和政治世家（如連勝文、蘇巧慧）都成為被大力批判的對象。我認為這在道德上是良性的發展趨勢，但要成為像柯文哲那樣的素人政治家，不只是需要勇氣而已。

不論個人條件如何，我認為所有公民都有成為政治人物的潛力。你只要想與他人討論公共議題，就代表你有「政治潛能」，因此普通公民和政治人的差別，只是在於前者尚未把自己的「政治性」實踐出來。

實踐政治不是只能透過「參選」，因為並非所有人都適合成為候選人，但是多數人都能透過不同角色參與選舉或政治事務。在臺灣這種民主社會之中，從競選總幹事到基層志工，你都有機會發揮自己的政治長才。

素人其實很多

雖然講到「素人參政」，大家都是以柯文哲為例，但柯文哲在參選前，也不是完全的政治素人。他長期接觸並批判臺灣時政，結識了許多的政壇朋友，因此他不只有「政治潛能」，連「政治性」也非常完備，只是差在最後的參選過程而已。

比較接近「純素人」參選的例子，大概會是洪仲丘的姐姐洪慈庸。她原本只是名普通的上班族，因為弟弟的死而與政府周旋。剛出現在鏡頭前時，她顯然是「政治性」較薄弱的人，還會戴口罩來遮掩，但透過一系列事件的淬練，目前看來，她已充分展現其「政治潛能」。

多數政客開始從政時，通常也是個政治素人。即便是政治世家，第一代也多半是意外從政。在臺灣民主政治發展前期，從事反對運動者，因為受到政治迫害被關押，使得家人被迫進入政壇，代夫參選、代妻參選、代父參選等等的狀況很常見，這些「代打」的也都是素人，而且成功的例子不少，甚至在之後成為政治要角。

政治世家

講到政治世家，目前也有許多政二代或政三代在參選，他們可能從小耳濡目染，加上父母傳繼給他們的政治人脈與資源，使得他們比較容易勝選。不過，他們是「比較好選」，但還不至於到「躺著選」的程度。我所認識的政二代，都是經過漫長的學習過程，才能從普通年輕人轉變為政治人物，如果他不願意學習的話，多數的長輩也不勉強他們，因為政治人都清楚「政治」不是條容易走的路，需要運氣跟天分，不是有基因和錢就能搞定。

政二代缺乏父母輩長時間經營組織的經驗，因此不見得能完全掌握舊有人脈，所以經常看到一些政二代選擇從「組織型」轉變成「文宣型」的候選人，改打長相或媒體效果。其實，政治圈很多歹竹出好筍、豬頭老爸生正妹女兒的例子。女兒只要不要長得太奇怪，通常都可以比老爸多出兩倍的票。我也看過有同選區的兩個政治世家同時交班給女兒，但一個比較正，一個沒那麼正，沒那麼正的就掛掉了，之後再也選不上。政二代如果接班失敗，整個政治世家就可能因此覆沒。

有些政二代無法成功轉型的原因是他拒絕賄選，但他本身卻沒有其他說服力來感動原有的支持者。

雖然參政權是基本人權，但我認為基於活絡政壇，促進全民參政的理念，公民們應該以選票阻止政二代接班。對政治素人來說，參政是從「零」分開始努力，六十分才能成為重要人物，八十分才能當選，但政二代一出發往往就是六十分，這會讓他們卡住政壇的基層職位，形成階級複製，讓政治更成死水。

如何成為政治人物

拉回話題。我想多數讀者都是政治素人，因此你可能對於「平凡人如何成為政治人物」這個主題會比較有興趣，我就來談一下幾個比較客觀的條件。

第一，你要對政治活動有興趣，或是對公共事務有特定動機。

我的建議是你的動機可能要「全面」一點，不能說我只對立法有興趣，就只投入對法案的研究。如果你只對立法有興趣，那你或許不適合做立法委員，而是該去做立法委員的「法案助理」。

立法委員要進行非常多元的政治活動，從立法到審預算，從喬事情到處理選民小狗不見。只要是民代就需要處理大量選民服務案件，如果沒有興趣幫別人解決問題，或是不喜歡與陌生人交談，那就不太適合候選人這種角色。

第二個條件是「耐力」。候選人都非常辛苦，且永遠都在超時加班，所謂

「躺著選」的狀況很少見。

在選舉期間可能早上四、五點就要出門，晚上十二點才能回家，這樣的工作狀態可能會持續長達六個月，候選人是否有這樣的耐力，常常就是選舉分出勝負的關鍵點。

除了體力與肌耐力之外，心理上能否接受不斷重複的行程，每天在街頭握手跟拜票，這是在參選前就需要好好考量的部分。

第三個條件是具備能打動他人的外在特質。有言語魅力，一開口就吸引人注意你；舉止能打動人心，一個表情，別人就會痛哭流涕，或被你「萌」到。

其他像是「看起來就很好笑」的親和力，或單純的長得好看，都比較容易成功。但候選人並非一定要長得好看才有票，你的長相若有記憶點，像是意外的「方正」、胖得很有型或瘦得很有精神等等，都對選情有幫助。

第四個條件是「有很多朋友」。許多人對政治非常有興趣，也有很多優秀的個人條件，但如果少了願意幫忙選舉的朋友，也不容易勝出。

如果無法說服身邊的人來支持你，那要怎麼說服不特定的社會大眾？擁有一批要好的朋友，願意陪你走完整場選舉，甚至願意為你犧牲自己的工作、家庭與個人娛樂，你才有勝算。

如果你擁有一群懂選舉的朋友，更能讓你事半功倍。

第五個條件是「錢」，但你不需要很有錢。

俗話說：「選舉沒師父，用錢買就有。」候選人就是家裡要有錢，或是能很快速的募到款項，但隨著選舉走向媒體戰與網路化，錢的影響力正快速削弱。

以前選個立委，可能要花幾千萬到上億，現在則有很多主要候選人的選舉經費只花幾百萬。錢雖然不再是個大問題，但你還是要湊到一筆錢，除了競選所需，也要讓你在選舉前後能維持家庭生活穩定，安心把選舉過程走完。

最後的一個條件，就是弄清楚自己在什麼領域比較能發揮專長。如果你屬於「光明界」，在第一線、鏡頭前更能發揮自我，那就適合當政治人物，適合「坐轎」。如果你屬於黑暗界，在第一線就會出包、講錯話，那就當「抬轎」者，一樣可以有所成就。

有很多社會賢達要年輕人別幫政治人物抬轎，但我認為這種觀念很扭曲。如果一個社會，人人都坐在轎子上，沒有人抬轎，那大家只是停在原地，你看我、我看你，不就活像白痴一樣？

請在政治中找到最適合自己的角色。

錢場

第14堂 選舉經費哪裡來？

我曾提過選舉經費「不用太多」，但「最少要有多少呢」？

雖說一千萬有一千萬的選法，一百萬有一百萬的選法，但如果你想要有一定的選舉格局和表現，還是有某種低標要達成。二十萬人選區中的選舉，通常要個三、五百萬才能選得像樣。那這些錢要從哪來？拿房子去押嗎？貪污嗎？還沒選上要怎麼貪？

依照我個人的經驗，選舉經費的來源，基本上不脫以下三種：

吃老本

多數候選人還是無法避免從自家挖錢，以前有人選縣長花了十三億老本（因為要賄選），也有人一毛不出；如馬英九，他第一次參選就撂話說自己一毛不出才會選，但他顯然是特例，他是用說了兩百萬次不選，才成功逼國民黨出錢的。

因此候選人最好有點家底，尤其選舉有時資金會週轉不過來，還是需要自己掏錢擋一下。依我的經驗，應儘量把自掏腰包的部分控制在總經費的十分之一以下。如果主要都是掏自己的錢，會讓這場選舉變成像是自己的消費或投資活動，很容易讓之後的政治作為變質（想撈回來）。

讓募款的比例高一點，就可以降低這種撈本心態，也可以擴大競選總部的參與面，有捐錢的就會比較關心你（你就算是他的投資或消費了）。當然，如果能完全不用自己出錢，就一毛都不要出，但除非你有馬英九的地位，或是很有募款的經驗，否則對於第一次參選的新人（而且是「選真的」那種主要候選人）來講，是幾乎不可能辦到。

公開募款

二十一世紀之後的臺灣政治人物，絕大多數的競選經費都是透過公募，依《政治獻金法》規定「進出」。因此候選人都會開設選舉專戶，由大家自由捐款。

政治獻金有很複雜的法規限制，但只要如實申報，一般百姓具名捐個一、兩萬是不會觸法的（標準是十萬，能狠心捐到這數目的人很少），相對來講企業就比較受限。

除了請大家捐款到專戶，另一種政治獻金的主要來源是「募款餐會」。賣餐券（一張幾千到上萬）讓大家來吃個飯（一桌成本價格可能只有三千，我還辦過一千五的，菜超爛）。因為《政治獻金法》規定很嚴，所以募款餐會就成為一種解決方案。有些大膽的陣營會把它解釋為「買賣」而非捐款，想規避法律限制。膽小的企業，就會以員工名義買很多餐券，把政治獻金從企業分散為個人形式。

自阿扁以後，賣一些周邊衣飾產品（扁帽）也成為搞錢的主要方法，但這只有像神一樣的「神主牌候選人」有辦法賣掉，一般候選人的商品通常是賣不出去的，只能當贈品，不然就是拿來玩前述的「假買賣真捐贈」。

有些反應快的朋友，可能剛剛就已經想到這樣的問題：合法的政治獻金，只要夠多人捐，候選人是否就可以不用自己出錢？

這種狀況不多，但的確有這樣的例子。近年有越來越多競選總部有辦法做到收支平衡，自負盈虧，甚至「賺錢」的也有。但能打平的，可能只佔全體的一成左右。

有少數政治人物在不太可能當選的狀況下，仍竭盡全力地募款，然後選起來又特別省，這會讓他在選後仍有一筆驚人的結餘款，加上「得票補助款」（在選後，一定得票率可以拿到一票三十元的補助款），就可以成立一些基金會或慈善組織，讓他能靠這筆錢安度餘生。

所以當別人問我：「為什麼這個傢伙這麼老／一臉不會上／過氣了，還要堅持出來選？」我雖然不好意思明講，但心中浮現的第一個答案，就是「他是出來選退休金的」。

但要注意，如果有募款，就一定要選到底，如果提前退選，這些獻金都要一一退還給捐贈者，無名氏的捐款所餘部分也要繳回國庫。洪秀柱就因為被國民黨取消提名，因此必須費神處理複雜的退款業務。

暗黑款項

除上述方法之外弄進來的錢，就是暗黑部分了。這種違法的，超過政治獻金所能允許的捐款，我們通常以「搬現金」來描述。很多人以為這是個比喻，但依我所知道的狀況，還真的有不少是叫人去神祕的地點搬錢，有時甚至搬到數千萬之譜。少的話是直接用紅包、紙袋裝了塞衣服，多則用皮箱提走。

之所以用這種原始方式，是因為高額的現金流會受到洗錢防制或檢調單位的監視，所以至今仍採用人工搬運。這非常難以查緝，因為大企業只要從分支的小企業出錢換成現金，再請不相關的中間公司「送貨」就好。

這些錢也不會直接送到競選總部，不少會送到候選人採購的廠商，直接用來結清舊帳。

有些比較大膽，不怕查的競選總部，甚至會請上游廠商（廣告、做旗子、租車子的）去和「暗黑捐款者」請款，變得好像是這些公司之間的交易互動，和選舉無關。有時候選人拍了一支競選廣告，其製播的所有費用不是由候選人來結，而是由企業或企業所屬的基金會負責結清。這當然算是洗錢和政治獻金，也是違法的。

只是因為偵辦上的困難，檢調單位抓違法政治獻金，主要還是由募款餐會來入手（因為可以去現場蒐證，比較容易成案），對於這種大企業代人付帳的情形，經常是只聞樓梯響，卻沒有人被抓。

近期大家比較有印象的相關案件，大概就是柯文哲的「三億男傳說」，柯文哲說有企業家拿了三億元給對手陣營，但傳說只是傳說，這種嘴砲還害轉述的周玉蔻被郭台銘告到敗訴。

那這種方法抓不抓得到呢？我若是個很窮的參政者，卻碰到擁有一堆暗黑捐款的對手，不就輸定了？

暗黑捐款是抓得到的，但你必須完整瞭解他們的金流脈絡才行。以下我就來談一些個人經驗，你再思考要如何破解。

有種賄選模式，是由大企業舉辦另有名義的餐會（什麼客戶感恩餐會之類的），再請一些樁腳出席狂吃，席間沒有候選人出現，但大家都知道這雖然是由大企業結帳，卻是某候選人請吃的飯。

可是吃一頓飯，了不起值五百、一千，這麼低額的「實物」賄選，真的有效嗎？奧義就在於，這些大企業於餐廳結帳時，會故意結特別高的價錢，並透過比較好作帳的餐廳把錢「洗出來」。我曾到過一場餐會，第二天看他們報帳時，才驚覺三桌人就吃了四十幾萬。

這等於是企業幫候選人在餐廳存了一筆錢，這些去過餐會的人之後可以再安排其他人去吃，甚至拿點餐廳（其實是候選人）送的伴手禮（通常是送酒），就算有檢調去查現金流，也都是從企業帳上支出的。

此外，在地方上，許多酒宴或海鮮餐廳是黑道或地方要人開的，因此就算候選人之後沒有安排人去吃，這筆錢就等於是買通這位大哥或樁腳的費用了。

這個結構看似堅不可摧，但還是有破綻的。你看出來了嗎？

第15堂 錢都花到哪去了：驚人的人事費

錢進來之後，就是要花的，但怎麼花才正確有效呢？

還是老話一句：「一百萬有一百萬的選法，一千萬有一千萬的選法。」有些必要部分可以等比縮編，有些可有可無的，能刪就刪，若想花錢買個心安，那就花吧。一般而言，選舉有四大支出，以下就分為三堂（組織和硬體併為一堂），一一細談。

專職員工的必要性

許多人認為選舉靠志工就行，這是天大的誤解，志工是全世界最不好用的幾種「工」之一，除非你是什麼宗教政黨，有一群神職人員免費幫你搞定一切，否則你最好聘專職員工，才能撐起一個正常的競選總部。

開總部就像開公司，你公司都用志工嗎？這不就像八仙塵爆的那個承包商一樣？但花錢聘人，人事費就會是最驚人的花費。因為你除了付薪水之外，還有勞健保的負擔。都說是「開公司」了嘛！

完整的競選總部通常會在選舉六個月前成立，但小編制的「競選辦公室」會更早啟動，有些甚至選舉前一、兩年就開始運作。這辦公室可能只有幾人，但十個人一年的人事費就四、五百萬了，更別說是更大規模的競選總部，有時還會到上百人，你就知道其人事費壓力有多大。

而且依業界行規，最後一個月的法定選舉期，因為非常忙，每個人都是二十四小時On call的，所以通常會付一點五倍的薪水。

要怎麼壓縮這筆預算呢？外包。

節省經費的外包與工讀生

每個人都聘專職的，的確花費太高，因此一些比較小的競選總部會盡可能把業務外包。現在比較常見的，是把廣宣的編輯、後製部分外包。

這些接案的美編、文編可能隸屬於各大媒體，他們會在選舉期間「偷偷」接案，有時也會一個人接好幾個總部的案子。我就聽過有美編接太多總部的案子，結果做不出來，直接把版型改套顏色就交卷的例子（比如說把黃色改成綠色，就把新黨的版型拿去給民進黨用）。

聘用工讀生也是個解決方案，許多總部在不確定人力需求時，都是以時薪制的方式維持競選總部最低機能的運作。大型總部中的民調中心與各地服務處的人力也都是時薪制的。很多人誤以為這些服務處的阿婆阿公都是志工，但因為志工愛來就來，要去就去，較難控制，所以不如付他們一些錢，讓他們「像樣一點」。

薪資水準

很多人好奇這些選舉幹部的薪資有多少，總是會向我打探。這一行受到景氣影響很大，我以前當小弟時，拿過一個月四萬多，也曾因經濟不景氣，當到總幹事卻只有三萬六。

如果要聘到有點經驗的競選總幹事，五、六萬絕對跑不掉，七、八萬以上才會有比較熟悉整個選舉狀況的人願意出任，因為總幹事非常累。

而幹部的薪水自然會比總幹事低一級（通常一級差一萬），普通職員又會再低一級。考量工作內容與壓力，你就知道這行業的薪資水準並不算高。

除了薪水之外，競選人員有時會有「後謝」，類似離職金或業績獎金的獎勵，但大概十個總部只有一、兩個會發。某些總部會在選前幾天結清最後一批薪水，以免大家擔心候選人選後跑路。

雖然多數總部都會把人事費結清（其他帳有可能賴，或是尋求抵押、打折），但我也聽過有候選人因為票數太低，要求總部人員最後一個月薪水少拿一點。這種候選人當然會被業界唾棄，也不用想東山再起了。

第16堂 錢都花到哪去了：文宣費用非花不可嗎？

被歸類文宣費用的，包括了電視廣告、報紙廣告、宣傳車、大看板、投遞文宣、面紙、旗子。沒有什麼廣宣是一定要做的，項目比重安排也見仁見智，最後都是依候選人的想法定奪（除非總幹事很有把握），因為文宣費用也相當驚人，出錢的是老大。

大看板

大看板的主要用意並不是拉到選票，而是讓人家知道你有在選。

「是不是這次沒選？」

「退選了嗎？」

如果你大看板掛太少，就會有選民這樣問你。候選人心驚驚，就越會掏錢買帳。掛越多，還越可能造成你是主要候選人的「錯覺」，因此也有一些凱子候選人認為應該把錢都砸在這上面，甚至不再賄選，畢竟賄選效果看不到，大看板你有在跑選區就看得到。

多數候選人都會懸掛至少一到兩面的大看板廣告，若是主要候選人，每兩、三萬選民的地區就會掛一面。

大看板的製作成本不高，幾千元可以搞定，但要找到願意只租給你半年的好看板位置，就不容易了，因此大多必須忍受仲介業者喊價。像是主要幹道十字路口的平面或電子看板，通常月租金都要十幾二十萬，兵家必爭之地甚至喊到三、四十萬以上都可能。所以每次選完，我都很想去國稅局檢舉這些廣告業者和屋主。我們有時也會建議候選人省下幾面，把錢移去做人事費，畢竟省一面可以多聘十個人！

至於公車外廣告及其他的大尺寸廣告（公車廣告還比大看板便宜很多），也都有類似大看板的效果，可以讓候選人不斷曝光，所以也是主要的廣告支出。

宣傳車

中尺寸的文宣廣告主要是「宣傳車」。

宣傳車有兩種形式，一種是改裝小發財貨車或箱型車，比較大一點的可能會加裝「站臺」，讓候選人站在上面揮手拜票，這種大一點的宣傳車又被暱稱為「戰車」。稍微窮一點的候選人通常以箱型車為主要宣傳車，並會把它弄的像動漫「痛車」或咖啡車（胖卡）那樣花俏可愛，以爭取選民目光。

另一種宣傳車是機車隊，又被稱為「小蜜蜂」，因為可鑽入很小的巷弄，也比較不會造成交通堵塞，所以也是常見的宣傳方式。許多小蜜蜂都是整批發包給身心障礙者團體，所以你看到選舉宣傳機車隊時，多是身心障礙者騎乘的改裝機車為主。一方面是想要拉到這個族群的票，另一方面他們也比較會認真巡邏，給一般百姓的觀感也比較正面。

不過宣傳車的確常引發爭議，主要是隨車播音的問題。並非所有人都吃飽閒著會去看路上有什麼車，因此為了達到最大的宣傳效果，宣傳車就必須不斷的大聲播音，這就很容易引起百姓的反感。我們也很常聽到「誰的宣傳車在吵我就拒絕投誰」這樣的說法。

那為什麼候選人還是這麼愛用宣傳車呢？

被罵也要繼續用下去

就成本和宣傳效果來說，宣傳車可能和公車廣告不相上下，甚至還更好一點。所以即便罵聲不斷，一個立委總部通常也會有五到十輛宣傳車。主要原因有二：

第一個原因是只要不在正常人的睡覺時段播音，負面效果就不會那麼大，而且候選人的支持者通常不會對自己的宣傳車有意見。

第二個原因是宣傳車的成本不高，司機通常都是鄉里遊手好閒的失業者，薪資相對較低，車子又都是從都市周遭省道的二手車行找來。這些二手車行有一些車況非常糟糕的貨車，根本賣不出去，所以他們願意以包租或先賣再買回的形式來提供候選人，甚至三、四萬元就能買到一輛車。

中大尺寸的文宣很花錢，怎麼安排資源配置就很重要。你可以買一面一萬的小看板十到二十面，也可以拼一面大的，放在最重要的街口。車子無法租到小發財車，就找三輪車或腳踏車在街區裡繞。有時一群沒特色的小發財，反而比不上一輛很有特色的三輪車。

基本上這類文宣是必要的，不能省，但可以去思考如何在有限資源中發揮出最大的效果。

小贈品

小尺寸的文宣，第一種是小贈品，包括面紙、紙盒衛生紙、廚房的過濾網，第二種就是直接塞到民眾家裡信箱的傳統紙本文宣。這些東西的設計、印製印刷、倉儲的成本都很低，我以前還有談到一包面紙一點三元，一盒八十抽抽取式硬紙盒衛生紙七元（都是含全彩印刷和運費）的紀錄，真不知道裡面裝的是什麼東西。

這種文宣的成本有一半會是「派報」的人工費用，因為必須把它投送到選民家戶才有效果，是以關鍵就在於找到可信賴的派報公司，否則有些派報員工會直接把你的東西倒到河裡或垃圾桶。

識別系統

文宣通常會有一套識別系統，至少在符號設計上有特色，這又會是一筆成本。當然，多數候選人也希望自己的東西從LOGO到SLOGAN（標語、口號）在概念上都是一致的，希望能所有文宣品都一起做，這就不只要找設計、美編，還要找文案，更貴。所以有些同政黨的候選人會共同採用一套識別系統，這樣也能壓低成本。

依我過去的經驗，什麼都能省，但要擁有一套好的識別系統，給設計師的錢是不能省的。理論上一套差不多要二、三十萬起跳，如果花到百萬，效果通常都不錯，就看候選人願不願意花這個錢。這可以視為長期投資，因為如果效果好（像阿扁的扁帽），之後的選舉也能不斷使用。

沒錢的話，自己設計也不是不行，但烏掉出糗的機會很高。這種素人想的莫名其妙廣告其實街上到處都是，如果你一時想不到例子的話，就去看洪秀柱在二〇一五年七、八月發的文宣。

第17堂 錢都花到哪去了：組織部的錢都拿去賄選了嗎？

說實在的，我沒主持過賄選業務，所以也不太清楚賄選的總預算要怎麼抓，不過，組織部所花的錢，的確很多會遊走在類似賄選行為的法律邊緣。被我們習慣歸類為「組織部」的，通常就是活動組與後援會這兩部分。

後援會

候選人通常會組織各種後援會，這些後援會就是「組織部」了。他們需要一些基本的活動費，像是為了舉辦造勢活動而承租舞臺、音響等等。隨著法令越來越嚴格，超過三十元就有賄選的爭議，因此這類的活動與費用也就越來越精簡。

不過在比較草根的地區，還是很多以後援會名義辦餐會、旅遊活動，完全不怕抓（所以最近幾年抓到的都是這種）。他們有時會美其名為「員工訓練」，但法院依然認定他們就是賄選。

以前我有朋友還因為發制服給競選總部的員工，就被以賄選送辦咧！敵對政黨想要透過檢調搞你是很容易的事。

造勢活動

還有種花費很驚人，就是造勢活動。一般後援會所舉辦的造勢活動規模較小，約五十到一百人參加，花費相對較低。但有些大規模造勢活動會破千人，選議員、民代的，通常希望主場（總部成立、勝選之夜）可以破千人；選首長的，例如縣市長，通常會動員五千到近萬人；選臺北市長或總統，大家會希望力拚二、三十萬人。

人數規劃的不同，也會連帶影響場地跟設備的成本。後援會的小活動，三、五萬元就可以搞到很熱鬧，但十萬人級的造勢晚會，搞到幾百萬元的也大有人在。

一般而言，大型造勢晚會由活動組來承辦，而後援會則主要處理小場型場次。以臺北市長等級而言，大的造勢晚會可能有十二到十四場（一區一場，外加成立大會和選前之夜），小型的後援會活動有時會到上百場。

這些都要錢去堆出來。

硬體支出

硬體支出部分，包括辦公場地設備的裝潢、採購與租用，以及水電瓦斯等等。其中最大宗的，當然就是競選總部的租金。

一般選舉中，被稱為「總部」的地方有兩個，其一是公開的競選總部，歡迎民眾進來坐坐，另一種就是隱藏的競選總部，也有人稱做「辦公室」，是真正總部要員開會、資源調度和議題擬定的要塞。

這種祕密基地會有資訊流通管制（裡面的事不讓公開總部的人知道），最好的方法就是「實體隔離」，因此祕密基地最好設在公開總部以外一段距離的地方。例如公開總部在大安森林公園旁，祕密總部就在臺北市政府旁。

若選區太大（有些議員的選區就很大了，從選區東端到西端要一個小時），那就要多設幾個服務處（有專人在守）或聯絡處（會幫選民打電話聯絡的普通店家或民家）。

設一個總部或服務處，就等於是開一家新店面或辦公室，水電房租三、五萬跑不掉，好一點的地段的大總部，要價會到四、五十萬，而且普遍比一般商業承租戶要貴。價格壓不下來是因為租期短，可能只有三、四個月，而多數房東想簽的是穩定長約，加上租給政治人物後會形成特定的顏色印象，因此房東出租意願低，價格就炒高了。

如果能找到有人贊助、提供場地是最好，如果沒人贊助的話，那至少也要硬著頭皮租一個交通方便的競選總部。除了場地租金，競選總部裡頭的冷氣電腦、水電費、茶水費、簡單裝潢等等，全部加總起來，一場選舉經常會花到上百萬，甚至數百萬。

以上三堂課所談的，就是競選總部經費支出的概要了。雖然我講得「一副好像不能省」的感覺，但其實我還蠻期待有人能採用不同的選法而獲得大勝。因為上面說的這套，主要還是「積習」，甚至是「流弊」，大家都在做，所以我也做。如果有人不做，卻能成功，說不定以後大家就都不會浪費這些錢了，窮人也更有參政的機會。

柯文哲的勝選就有這方面的意義。你能找出他到底省了什麼嗎？

第18堂 政治獻金與賄賂到底差在哪？

在臺灣這種地方，合法的政治獻金與非法的賄賂，其實差別不大。硬要討論差異，就是差在有沒有避開法律的那條線。相關的規定，各廉政單位網站都有，我就不占用篇幅談。我要談的是「概念」層面的倫理問題。

在有法律規範之前，政治獻金原本處在灰色地帶，立法之後才有一個呆板卻明確的數字界線，在界線下進行金錢捐獻，都不會有任何法律問題。但這並不代表沒有道德問題。

為何捐？

就倫理學的角度出發，我們要思考的問題是：「我身為一個百姓，為何要給政治人物錢？」

你可能稱許某位候選人的人格特質，希望他能成為成功的政治人物，或是希望他上臺後能實現你也認同的理想、理念。於是你捐錢給他，希望他能當選，並實現這些目標。

不論是追求哪種理想，都代表捐錢是一種「手段」，你想透這個手段來實踐你個人的「目的」。那這和賄賂有什麼不一樣？

請想像賄賂的情境：有一個工程，某甲想去承包其中一部分，於是某甲提供政治人物某乙一筆錢，於是某乙打通關節讓某甲包到工程。

我們通常認為這是不可以的，對吧？但某甲和你一樣是用錢當作「手段」，完成了自身的「目的」。

那某甲和你的狀況有何不同呢？

請再想像下一個例子：某丙希望完成臺獨的理想，因此某丙花錢贊助一個支持臺獨的候選人某丁，某丁當選之後全力促成臺獨。這樣可以嗎？

好像可以。你會說某丙和某丁之間的互動目標是「公共議題」，和某甲某乙的只有特定人受惠的單一工程不同。

但因為臺獨或統一受惠的，也可能是相對有限的人呀？

「臺獨」當然是個和「包工程」有點距離的極端例子，可是像「希望家前面馬路能拓寬讓生意更好」、「幫我爭取工廠改良機械的補助款」到「可以讓我家的違建不會被拆除」等等的中間例子，就更能突顯這種「我捐錢給政治人物，政治人物幫我搞定事情」的倫理問題了。

用錢去交換一些政治利益，希望這個政府的機器朝著你的理想（目的）走，就算一切合法，在道德上還是有一些「古怪而難以解釋」的地方。

其古怪之處在於，我們需要一條道德界線，劃出「還勉強可以接受」與「已經無法認同了」之間的差別。

劃下界線

現有的法律就是想辦法暫時劃出一條線，這條線之外的可以，踏到這條線的就不行，但目前的「線」，也只是生硬且隨性的規則，並沒有什麼特定原理支持。這就類似投票的成年年齡界線，只是圖個方便。

因此有一些倫理義務論者主張，只要是掏錢給政治人物，就都是「買」或「養」政治人物，會存在某種「對價關係」。就算你是以「無名氏」的方法匿名捐款，你也很清楚自己是把對方「手段化」了。

康德派義務論者認為，把人當手段，那就一定是錯的。

所以如果你要捐錢給政治人物，你必須設定自己「完全不求任何回報」，單純就是在捐錢的那個時刻認同他的某些理念。這不是投資，也不是消費，比較像是「宗教善款」。這樣才可以避免捐款者的道德問題。

但對於收錢的政治人物來說呢？「拿錢辦事」好像不對，所以他可以「拿錢不辦事」嘍？或是不拿錢？說不定「拿錢不辦事」（當選之後跳票），反而能讓你免除道德上的負面評價？這不就更怪了嗎？

還是該有標準

我們前面才提到選舉經費的問題，不收獻金是非常難選的。倫理學上還有另一種流派，就是目的論者。他們認為基於現實考量，候選人還是要收一些錢。標準呢？就是現有《政治獻金法》的那些限制。

但這個標準不是沒啥道理嗎？還是只要有個標準，我們就能免除自身的道德責任？

我們之所以設下法律標準，是因為如果有人捐得特別多，的確可能對政治人物造成實質影響。

如果你只捐幾萬元，政治人物不見得會為你做什麼，他有可能呼攏你。對政治人物而言，絕大部分的關說都不用認真處理，只要讓捐錢的人或關說的人

「覺得」你有在做就可以。

馬王政爭起因是王金平幫柯建銘關說，但就那些錄音內容，王金平顯然沒有認真「關說」。絕大多數的關說都是這樣，「有打過電話」，就算意思有到了。

但如果真的捐了非常多，的確可能推動政治人物去「專門為你」做一些事情，因此可能破壞了政治的公平性。

我個人過去曾「衝」過一些議題，在打這違法事由時，並沒有想要從廠商身上要錢，也沒想把對方打死，更沒想要是打出什麼政治的新局，只是想做個媒體效果而已。

不過等到議題上新聞，廠商就火速私下來電表示願意買我們的募款餐券，而且一買就是二十張（二十萬）。意思當然是要我們別再追這個案子。

當時沒有《政治獻金法》，否則這樣的行為不只有道德問題，也會有法律問題。但廠商的這種「意思表示」，的確很容易誘惑政治人物，更可能促成政治人物去撈更多的錢。

要把政治權力變成錢，一點都不難，所以才要立法規範，把政治獻金限制在非常低的額度，讓政治人物比較不會用這種方式去運用自身的權力。

因此，我認為現在的法律標準，在倫理上是種「不得不」的簡易解決方案，或許將來我們可以找到更好的出路，但現在先以這種標準為「道德低標」來檢視政治人物吧！因為這種標準就已經很多人不想遵守了。

第19堂 募款餐會的票到底是誰在買？

賣募款餐券是政治人物最重要的「斂財」方式之一。一場成功的餐會，可以輕易灌進數百萬合法的政治獻金。

過去募款餐會是非國民黨（黨外）政治人物的主秀場，但現在因為法律限制越來越多，現場還要開立發票，一些枝枝節節的非常麻煩，所以舉辦的次數與頻率都已經降低，但因為仍有錢賺，這也算是造勢晚會，所以主張要辦的人還是不少。

買家哪裡來？

餐券主要是賣給「故舊」，也就是候選人過去的朋友，這也算組織動員能力的檢視，是「大閱兵」，所以也就成為組織部「績效考核」的重點依據。有時就算沒賣多少餐券，組織部也要動員人來現場，來賓看到現場氣氛熱絡，或許就會願意掏錢捐款或買一些產品。

有買餐券或現場參加的人（有很多人是買了讓其他親友吃，自己不去的。這當然要先用親友的名字買好，不然又算是賄選或違反政治獻金法規），之後可能會更努力幫你助選，一方面是因為他已經押錢在你身上，當然不希望候選人輸掉，另一方面是來到現場，就會有種「自己人」的感覺，會讓普通百姓產生「接近權力」的幻想，因此對政治更投入。

除了候選人的親友外，選區的重要意見領袖、商家、企業也都可能主動買餐券，這就有很明顯的「押寶」企圖，通常候選人也樂於接受這些新支持者。但這些企業可能會平均押寶，重要的候選人都買，所以有時總部也會主動探詢企業購買意願與狀況，就能得知在這些商家眼中的選舉概況為何。這也算是種民調。

企業中負責買餐券的單位通常是公關部門，或是直屬於老闆的特殊單位。因為臺灣企業也長期接觸選舉，所以內部早就有編列相關的預算，只是誰拿得多、誰拿得少的差別。

發展趨勢

就我的觀察，臺灣的募款餐會有以下幾個發展趨勢。首先，募款餐會的節目越來越多元，不只像尾牙，也像正規的造勢晚會，飲食反而沒那麼重要。

其次，有候選人開始利用網路公開募資，所以主辦單位甚至會無法掌握來人的身家背景為何，這跟過去可以做到「造冊清點」，完全掌握入席者身分（或代表什麼企業）的狀況大不相同。

此外，以前的募款餐會常遇到檢察官錄影蒐證，他們的目的是要判斷是否有賄選疑慮（捐很少卻吃很好，或是有流水席讓人無限暢吃，或是伴手禮非常貴），但現在募款方式和餐宴方式千變萬化，要從菜色來判斷是否賄選，實在是有困難。

現在最新的餐會形式，是入場券不貴，菜也很少，但競選總部會在餐會現場賣很多周邊產品。像是餐券一張一千，而支持者到現場後會買較高價的產品，或主辦單位以拍賣競價方式賣一些高價產品。

因為阿扁建立了商品銷售這條財源線，使得現在有越來越多競選團隊走「文創風」，在餐會中擺攤，銷售候選人識別系統所延伸出來的禮品（衣飾之外，還有悠遊卡等小產品），品質也越來越接近真正的商業產品。

過去這些伴手禮會強調候選人的曝光，放上大頭照、名字和競選號次，現在主要強調候選人的「概念」（像蔡英文二〇一六的那個綠圈圈），希望選民在政治味沒那麼重的狀況下，願意穿出去或大量使用。

近年餐會除了募款主角之外，也會有同黨候選人現場擺攤（你辦我去擺，我辦你來擺），越來越接近園遊會的形式，「節目表」就沒那麼重要，有些募款餐會甚至主打健康飲食（只有一些水果和生菜），主要透過熱鬧的表演活動來帶動現場的氣氛。

畢竟餐會要處理的細節太複雜，所以一旦有了其他的募款方式（網路或透過慢跑、健走等活動現場募款），許多候選人會傾向減少餐會的比重，頂多辦一、兩場。

文場

第20堂 民調到底有沒有參考價值？

談完了錢，我們來看看「文場」的部分，也就是廣宣等「空軍」戰鬥。其中最顯眼的，當然就是民調了。

民調一定有其參考價值，就算是假的（媒體自己隨便編數字出來），也可以藉之推敲造假者的意圖，所以重點在於怎麼詮釋這些數字。

基本上選舉民調可粗分為三種，包括內部民調、公開民調、戰術民調。

內部民調

第一種是由競選總部自己做的，這當然是最值得參考的民調，我們通常稱之為「內部民調」、「內參民調」。

有錢又有人的競選總部會大量進行內部民調，並以其結果做為戰術判斷的基礎。據聞柯文哲在選舉過程中至少做了二十幾次內部民調，而一般競選總部也會做個五、六次，多半是去跟媒體買（破千樣本的，十萬元可以搞定），也有人成立民調中心自己做。

和媒體買的優點是「等於在媒體下廣告」，可拉攏他們不要亂報。自己做的優點是調查方法可以自行決定，想問選民咖啡喜歡喝冷還是喝熱的都可以。也有人委由專業民調公司或學術民調中心去做，但非常昂貴，便宜的要數十萬，貴的也可到上百萬，價錢越高，通常越準確。

透過內部民調可以準確得知自己的優缺點，甚至連對手戰術都可以推敲得出來（柯文哲總部的統計高手就幫助其高層釐清不少問題），因此這是最高機密，只有總部的核心幹部才會知道這份民調的數據。

依我個人的經驗，統計學雖是科學，但民調就真的是看個人需求，你如果做到幾百個樣本就可以看出大局，也沒有必要做到太多、太精，因為差那一、兩趴，在選戰策略上的意義不大。

公開民調

第二種民調，是媒體提供的「公開版本」民調，你在新聞中會看到的那種。

這種民調準不準，可以觀察他們長期以來的各次民調和最終投票結果差多少，這種差距是否在合理範圍內（科學可以解釋，或代公式可以轉換）等等。

在上個世紀末，業界許多人認定聯合報的公開民調最準，但現在或許是因為聯合報的「機構效應」太強（統媒色彩太明顯），就算他們認真做，似乎也沒那麼準了。近年來，相對受到關注的是TVBS，不過他們是因為持續、固定做，而受到重視，並不是因為準，其結果也需要依某公式來調整，才能比較貼近事實。

至於要依什麼公式來調整公開民調的數據，就是選舉業界的奧義了，是大家混飯吃的工具，也就不會外傳。

但一般百姓不知道要把公開民調的數字套公式來算，就會覺得這些媒體民調不太準。

媒體之所以要發布公開民調，除了可以炒新聞之外，也想要藉此兜售實質的、有價值的民調，也就是上面提到的「內部」民調。政治人物可以花錢去買更精細的數據，或甚至請媒體專門為你做一次。

不過，在政治人的口語中，「買民調」有兩種意思，一種是買真正好好做的「內部」民調，另一種就是出錢要媒體製作公開的「錯假」民調（就是下頭會提到的「戰術民調」）。

買民調是除了買廣告之外的另一種「買通媒體方法」。通常民調中心會自己來找候選人兜售，候選人在不願意得罪媒體，或是希望把媒體拉到自己的陣營時，就可能會掏錢買。

當然，所有購買媒體，以求在選舉中「勝出」或「好過一點」的做法，在道德上都是有疑義的。

戰術民調

普通公民可能無法以「肉眼」區分戰術民調和公開民調的差別，但如果民調方法充滿統計學上的問題，主辦單位色彩又很鮮明，或是根本不知哪來的假組織，就可以先將之列入「戰術民調」。

某些媒體或阿狗阿貓團體所宣布的戰術民調，其實不見得真的有做，只是自己在家寫的數據，目的是為了干擾選舉，想藉此影響投票傾向，比如說促成棄保。

近年有一種戰術民調，他們的確有做，但是問題都是刻意導向某種立場，像是「你認為你的祖先是中國人嗎？」然後把這個數據當成「認同自己是中國人」、「認同自己祖國是中國」的數據。

還有一種戰術民調，也是真的有打電話，但會故意問一些攻擊問題，像是「你知道某某某曾經有過緋聞嗎？」其實就是種文宣，可能會在一個選區打到上萬通。

臺灣媒體的民調真真假假，難以分辨，因為實在太多，經過漫長的競選過程，公民們會對民調越來越有耐受性，都是覺得看看就好，是以戰術民調到底還有多少作用，我個人是非常存疑的。尤其最愛發布這種民調的陣營，都是一輸再輸，看來效果相當有限。

第21堂 破解民調：民調非做不可？如何解讀？

對於公民來說，如果無法辨別民調的正確性與意義，我的建議是看看笑笑就好，不要以此作為投票標準。但對政治人來說，民調還是很重要的，可以從中看出一些對自己有用的資訊。

民調的必要性？

首先，民調是炒作選情的工具，可以帶動新聞話題熱潮，所以媒體會定期公布，或是在發生大事之後立刻跑民調來判斷風向。像二〇一五年連戰去北京看閱兵之後，各家都跑民調，並且發現國民黨立委和總統，不論哪個區域，都掉了3％以上，而親民黨（祕書長秦金生也有去）更掉了10％以上。

各競選陣營也常搭民調的順風車去進行一些戰術操作。如果民調些微領先，就強調自己最有機會，要選民集中選票「棄保」，輸的話就哭天拜地，要選民第一優先搶救。如果大幅領先？就說民調只是假象，這數據很可能是反對黨的陰謀，騙大家轉移選票，所以要大家站出來投票，以打破這個陰謀。如果大幅落後？那也是對手的陰謀，一樣是想騙大家轉移選票，還是要請大家站出來投票，以打破這個陰謀。

反正民調出來，你就是要講點話，讓這個民調從單純的數字變成你選舉的助力。

所以在選舉過程中，你總是不斷看到有候選人以民調為宣傳主軸，即使這東西很可能不準。

其次，在策略面上，即使是不準的「戰術民調」，你也可以藉此推論發布民調者的意圖，判斷他想說服公民們接受哪些主張，也可以猜出對手總部的運作狀況。

在二〇一五年九月初中共閱兵過後，多數內部民調都指出洪秀柱的支持度大概下跌到13%至19%之間，但洪陣營公開的民調是卡在28%左右，差這麼多，基本上已經不太可能是技術性問題，通常就有意圖，而重點就是，其意圖為何？

從整個選舉過程來看，洪秀柱陣營公布的民調，總是比宋楚瑜高，可是其他家的公開民調中，兩者若非互有往來，就是她通常比較低。那麼你就可以推知：一、藍軍公開的民調可能有問題。二、這代表藍軍想操作棄保。三、其他政見或戰術牌效果不大，只好用民調來拐選民。

所以即使是假民調，也是大戰略的一部分，可以是主攻，也可以是偽裝、欺敵。

那一般公民該怎麼解讀民調？有什麼要注意的地方？

不要迷信過去

第一個的重點在於不要太沉迷於過去的「猜中經驗」，儘量瞭解並信賴新的統計學技術。

統計學是一個不斷高速進步中的學門，所以認真做的民調是越來越準。二十年前，我第一次接觸選舉民調時的很多概念與方法，現在都已經不準確。

過去有個選舉民調定理是「神奇38%」，意思是一對一的選舉中（又叫ＰＫ盤），只要有一個候選人率先拿到38%以上的支持度，在沒有重大變數的狀況下，就可以確定將會當選。

這是因為38%支持度「放大」之後，大約就是過半的得票數了（因為約25%

不會出來投）。即便是38%：35%這種誤差範圍內的接近戰，領先的那位最後也是會贏。

但這「定理」只是在二〇〇〇年以前都命中而已，甚至連政治人物也不會盲信。十多年前，我曾在競選總部，和馬英九正要一起外出跑行程時，看到金溥聰迎面走來，拿著最新的民調上前對馬英九說他的民調已經超過38%，應該確定會贏。但馬英九並沒有太過明顯的反應，只說民調歸民調，看看就好，行程還是要跑。

二〇一四年選戰結束之後，我聽柯文哲方面的技術人員說明，才知道他們採用的是最先進的民調方法，其「船堅砲利」的程度，可能還超過中央政府對於統計專家的運用，甚至可以透過微小數據的變化，推估國民黨在哪些地區有進行組織動員。

許多人認為學術機構做的比較有公信力或「準」一點，但這純粹就是個信仰而已，重點還是操作的人有沒有按照科學方法來操作。

真正像樣的民調，會依照中華民國戶政系統提供的年齡分布、性別比例去做數據調整（可以避免電話都是老人接到的問題），但現在許多民調都做得很急很快，不但樣本少，也很少依照人口比例去調整，準確度當然就是個問號。

如果要準，民調與數據分析的成本就會因此節節攀升，不太可能免費外供，所以這也代表媒體一、兩個晚上就做好且隨即公布的民調相對粗糙，可能省去了關鍵的調整公式部分。

那如果我沒有相關知識，無法判斷這民調是真的還是假的，是有效還是隨便做做，該怎麼辦呢？

其實真正最準的「民調」，就是政治人物的表情。因為他們看得到內部民調，所以表情反應是最真實的。你看他一臉賽，或是笑得很死魚，又或是一天到晚砲人，民調就不可能高。想想洪秀柱在被換掉之前的慌亂狀態，你就知道有些事是騙不了人的。

探究背後的因果結構

第二個重點是，想辦法找出民調背後的成因結構。

先請你永遠記得一句話：民意如流水。民調主要隨政治事件發生而波動，發生弊案或緋聞，甚至只是候選人生病咳個幾聲，都會造成影響，所以在選舉投出來之前，一切民調都僅供參考，不要太過沉迷。

民調是政治活動的「結果」而非「原因」。政治人物不想被民調拖累選情，

「那就給我好好選！」

對公民來說，如果你還是很愛看民調，請記得要推敲民調背後的因果結構性問題。什麼意思呢？

在國民黨還沒推出二〇一六年的總統候選人時，藍綠紅各方都做了多次民調。依候選人條件來看，王金平是政治圈普遍認定比較有機會勝選的國民黨候選人，但各家民調中，王金平都是比洪秀柱低的。原因就在於有許多綠軍刻意哄抬洪秀柱的民調，想讓她在初選勝出。

所以這些民調就沒有價值、看不出真相了嗎？其實不然。

在「蔡英文對王金平」，以及「蔡英文對洪秀柱」的兩個對比式民調中，可以發現「蔡對王」時，蔡英文的支持度會比「蔡對洪」時低，但王金平的支持度沒有變高，反而變低，是不投的人變多了。

這代表什麼呢？為什麼王金平出來，不投的人會變多？是誰不想投了？

這些細微數字的變動，最合理的因果解釋就是，王金平可以挖到蔡英文的票，而會投洪秀柱的人裡，有人很賭爛王金平，看到只有王金平和蔡英文選，就說他不投了。

這才是此份「有大量綠軍反串的民調」真正有意義的地方。

洪秀柱的格局是走深藍路線，這沒法打下蔡英文的地盤，而王金平卻能侵蝕蔡英文選票基礎。雖然很多支持洪的深藍會反對中間色彩的王，但深藍又號稱「鐵票」，他們對蔡英文的恨，會讓他們「含淚投王」。所以選舉業界都認為國民黨推王的勝算比較大。

當然，有人會認為現在反串的那麼多，民調真的有辦法突破反串者的封鎖嗎？

一點都不難。你在家裡接電話，面對問題只有十秒不到的思考時間，你是能多會反串？但設計問題的人，可以先花一週把破解你投票意願的問題想好，因此民調中心還是有相對的優勢在。

依據我們的經驗，只要稍加訓練過工讀生，就能判斷出誰是反串，誰是認真的。我們會把有問題的樣本直接排除，因此能抓到的數據通常是相對有效的。

最後還是請你記住，不論是做為策略參考，或是騙人工具，民調都和左手一樣，只是輔助工具，千萬不能被牽著鼻子跑，或者只握著這把爛劍當武器。

第22堂 政見白皮書是怎麼擬定的？

提到政見，就是選舉最好笑的一環了。因為幾乎所有候選人（包括總統級）的政見都是在一團混亂中誕生的，所以選上之後總是會修來改去，或是全面大跳票。

由學者專家一起制定？

一般民眾認為政見若非候選人自己發想，就是請退休官員與學者專家擬定的，但退休官員與學者專家通常不太清楚選舉進行方式，他們提出來的政策或政見可能不符合「選舉需求」，或是生產速度太慢，常有交不出作業的情形。

若真用這些學者專家的意見當「政見」，也很容易搞到選舉方針大亂。最近期的例子就是洪秀柱的「一中同表」，這是由張亞中等一干統派學者所擬定的。「一中同表」可以做為一種學院派討論的理路，因為我們有學術自由嘛！但放到選舉市場上呢？

那就是非常失敗的文宣思路了，因為這種主張的支持者太過小眾，也不可能在選舉過程中說得清楚。就算是最好的選舉廣宣技術人員，也難以針對「一中同表」這種超小眾主張設計出一套可吸引過半數支持（總統通常要過半才能當選）的競選策略。

你可以當選後再這樣主張，但在選舉期間這樣主張，不但沒票，還會讓人懷疑你的總部是否連基本的Sense都沒有。

媒體人上場

目前一般的政見或政策白皮書（放所有政見的書）的企劃，都是由選舉專業者主推，再去召集一些學者專家或社會賢達來參與。而這些主持白皮書撰寫計劃的「專案管理師」，通常是由有選舉經驗的前政務官或記者出任。

如果是北市選舉，就找市政線的老記者，至於各地方選舉，也一樣去找非常熟悉地方枝節的駐地記者。中央呢？就政治線老記者出馬嘍！

為什麼是記者？

這些人「熟門熟路」，對政府運作實務有完整的認識，清楚地方上真正的需求與問題，也和學者官員保持一定的互動，甚至擁有一套人脈網。同時，他們也熟悉廣宣文案語法，由這些人出任相關主管（政策組）的比例甚高。

過去馬英九在臺北市推出「一票到底，轉程免費」的政見，這是早在悠遊卡普及之前就有的想法，但這個政見並非來自學者專家的推力，而是由某些記者主導整合各方意見後擬定的。

但也因為不是出自科學研究的系統，所以這類政見就算上臺後依約推行，久了之後也會出一些問題。因此現在的柯文哲才會考慮調整包括轉乘費率的分攤問題，畢竟這政策（政見）在提出時，完全是選舉導向，當然可能在公平正義與政府支出成本上會出現不太合理的安排，實際執政者就需修改。

換位子換腦袋，其實是很正常的狀況。雖然倫理上這種狀態常發生也不好，但現行的選舉模式就是會產生這種問題。

政治掮客

有很多政見是從總部裡「想」出來的，但也有一些政見來自於外部的影響。如果你是重要的候選人，就會有很多「說客」或「掮客」來找你，想要影響你對重大建設或特定投資案的態度。有時一個案子，兩造都派了掮客來談利益交換，候選人這時就傷腦筋了。

講到政治掮客的大決戰，最具代表性的就是松山機場的廢除派與保留派。這兩派都有龐大的政商勢力支持，也有各自的專業說客與掮客，會去各陣營企圖說服候選人。我曾見過廢除派帶了張大地圖到會議室，對著馬英九和一幫幕僚說明廢除機場的好處。

政治人物不見得能全盤理解案件內容，因此他們考量的重點是雙方勢力對其個人的幫助孰大孰小，態度可能會因此轉變。馬英九曾是松山機場廢除派，但當選後不久，就被保留派說服，不但全力反對中央政府廢除松機的計劃，甚至大舉翻修航廈，使其成為重要區域的轉運中心。

如果沒有牽涉到金錢交換，這種說客倒沒什麼問題，但是政治牽扯的利益太多，摸著良心推動公共政策的人，的確曾變得越來越少。所幸在二〇一三年公民運動興起之後，又多出許多基於善意的政策推動者。

區域政見

除了大政見之外，一些首長候選人也會有小區域政見，最常見就是增設圖書館、公園、活動中心等。這些政見通常是來自總部外的要求，可能是由地方基層的里長或社區發展協會提供。因為花的錢不多，政治人物通常樂於配合。組織部會蒐集地方訊息後，傳回總部判定是否要支持這些提案，有時甚至在後援會層級就直接印文宣發出來。由於缺乏列管，這類型的政見在當選後會發生很大的問題，但人家手上有你簽名的白紙黑字證據，政客也沒辦法否認。

因為這種爛帳最多，所以才有「當選之後不見得要實現政見」的說法，這當然違反了政治倫理。不過依我過去的經驗，政治人物本身的確可能沒看過這些文宣（雖然文宣上有他的簽名，但也是基層自己代簽的）。

馬英九競選市長時，競選總部內就有一臺速印機，專門印這種幾百份的文宣，其內容都是「建設大放送」，但最高只有組長級的人看過而已，候選人和總幹事的確都不知道。而這些文宣政見因為多數難以執行，事後對馬英九造成很大的困擾。

政見與候選人

回歸本質，大多數的候選人在選舉過程中都非常地忙，除非他覺得某個議題特別重要，必須列入政見，否則其主要政見都是由幕僚與前述相關人士所擬，候選人很可能只看過一、兩次，也沒看懂，東西就發出去了。

發布大政見時，或許會搭配「政策秀」，至少也要辦個記者會。這時候選人就會比較認真理解政見，以免被問到相關議題卻回答不出來。

因此文宣組或政策組有個重要責任，就是找時間「教育」候選人，要訓練他到完全掌握這些議題。

設計良好的政見，通常背後都有一套理路（就是學術上講的「意識形態」），牽一髮動全身，所以不太能改，因此各組人馬基本上是「勸」（逼）候選人相信專業，不要在選舉期懷疑政策內容。

況且越大規模的選舉，候選人就越忙，還要花腦力顧慮政見，那是非常不切實際的事情。譬如直轄市長要推出的政見可能高達數十條，甚至上百條，政治人物要全盤記得都很難了，若還想加入自己的想法，只會搞出人命而已。所以總部通常都會勸候選人在這方面不要用腦。

從以上描述，你可以發現從政見去判斷一個政治人物的好壞，的確是很「空虛」的一件事。這可以算是嚴重的政治倫理危機，是因為選舉機器運作模式造成的「集體背德」現象。

怎麼解決呢？

為了避免道德風險，下最終判斷時，最好還是以其「人格」面的表現來思考，包括這個人值不值得信賴，可能的執政風格為何，這些都比具文的政見要來的實際且有意義。

雖然「人格」就像「政見」可以包裝，但相對於「你也不懂」的政見，你更有機會透過觀察政治人與他人的互動，以及他如何應對質疑與批判等等來推敲他的本性。

此外，能夠「擬出有一貫理路的政見」也算是種能力，你或許也可當做投票參考的依據之一。如果你很愛看政見，那就試著從政見中去推敲他的施政大方向吧。好的政治人物，其政見通常都有明確的核心，就算小地方做不到，但大方向是對的，也可以走向好的將來。

至於爛的政治人物呢？

他的第四條和第十四條政見搞不好就自相矛盾了。

第23堂 候選人在鏡頭前出了大包該怎麼辦？

文宣發出去後「大挫賽」的例子多到不行，有時候甚至發一份就挫一份。連勝文在這方面的表現就非常經典，從廣告到辯論會，幾乎沒有一次沒被罵的。

除了正式的文宣與談話，在新聞鏡頭前、晚會上臨時失言的就更多了。政治人物通常忙到精神不濟，上臺胡言亂語很平常，以前還沒那麼多鏡頭，現在滿街人手一機，講錯恆久遠，一拍永流傳，那該怎麼辦咧？

柯文哲可以用失言當特色，但多數候選人不是柯文哲，就必須採用下面的解決方案。

危機處理小組

競選總部有一個特殊的單位，名為「機動組」或「善後組」，專門處理其他組搞砸的事情，從活動包不出去到臨時生出宣傳車，當然也包括文宣失敗或候選人講錯話。

機動組的存在價值不只是在出包後才跑去解決，而是在一切還沒發生前，就會不斷的提醒其他人要注意的地方。因為所有文宣與活動都可能產生負面影響，在文宣組發動攻擊前，機動組就該介入判斷會不會有問題（就像「假想敵中隊」一樣），並提醒其他組別問題發生時的因應策略。

事前評估並擬定好退路，就是這類單位平日最重要的工作，他們可能在其他組連攻勢計劃都還沒擬出來前，就預想出包時的十八套退路劇本。不過也因為總是在吐槽自己人，機動組往往和總部其他單位關係不佳。

如果機動組人事非常膨脹（十人以上），或占有50%以上的業務量，就代表其他組的效率太低，掛名吃飯的人太多。遺憾的是，不少總部的機動組都有很大的編制與很多的業務，我還聽過高達四十人的（加外包人力）。

善後流程

千算萬算，總是算不到總部智障有那麼多，因此常有超急迫的鳥事發生。一旦碰到這種問題，該如何善後呢？通常的處理流程是這樣的：

第一，搞定記者、媒體，跟他們說明整個事件的狀況（包括為什麼會發生這種鳥事），請他們不要那麼快攻擊，儘量以「呈現各方說法，不發評論、專題、特稿」的方式來處理。

因為反應時間很短，需要一定媒體經驗，才有辦法想出一套說詞來說服飢渴的記者。你可能要給他們一些「料」，讓他們能弄出像樣的稿子向上面交待。所以通常也是「老記者」（又是老記者）在總部裡面負責這一塊。總部通常會「準備」兩到三位「資深媒體人」，不是讓他們當發言人，而是把他們放在機動組負責收尾。他們不會到第一線去作戰，有些人甚至長期不曝光。

第二，攻擊其他對手，拖對手下水或轉移話題。這代表要打新的子彈出來，而任何競選總部都會準備一些「戰備存糧」，如果被打了一槍（或自己亂放砲打傷自己），就會立刻開另一槍更大的來蓋掉這件事。也因為過去太常這樣做，所以現在網路鄉民總認為發生大新聞就是要蓋掉什麼鳥事。

通常「戰備存糧」都是重口味的，都會壓到最後才會放出來，但如果戰況緊急，自己老闆快要沒頂了，就會採取這招以混淆焦點。

第三，如果沒有子彈的話，就採低姿態，暫時離開螢光幕前，改去跑基層，就可以降低出包的影響。這就是俗稱的「龜起來」、「裝死」。

因為你不回應，新聞就不太容易做下去。民眾雖然會罵，可是大家會罵到累，他們不會忘記這件事情，但效果會漸漸遞減。

當然，在傳統媒體的時代，你只要堵住幾個大媒體，事件一、兩週就會平息，因此這招運作得非常順暢。不過現在有新媒體，可以不斷把過去的資訊挖出來，這做法的效果就差很多了。

第四種方法，就是「一錯再錯」，不斷出包，讓每個包的嚴重性變小，將自己成為搞笑藝人或「可愛又迷人的反派角色」。當然也可能變成某陣營的「三寶」就是了。搞這種路線且真正成功通過選舉考驗者，印象中只有柯文哲，但他是因為對手更寶的緣故，只能說是天時地利人和。

整體來看，有準備總比沒準備好，我與政治人物討論選舉時，都會要求他們先把可能出包的、可能被打的點都先擬好一套說詞，甚至早在成立其他部門前，就先找好機動組。

「擬好一套說詞」的意思，除了先擬定出事時的聲明之外，也要做某些動作去解決眼下的「道德不平衡狀態」。像馮光遠一直嘲笑、追打吳育昇的外遇案，對吳育昇來說，票雖然不見得會跑掉，但媒體焦點一直在這裡，就很難再去談其他議題。

所以候選人在出來選之前，就要想辦法去解決潛在與舊有的可能阻礙，找出一個可以終結討論的標準答案。這標準答案，並不見得是「真相」，有時真相是越辯越不明的。

做過公關的，都知道有句業界行話是「沒事情是能解釋得清楚的」，所以不要浪費時間長篇大論或和別人爭辯。只是一般人被「激到」，都會嘗試去解釋。那到底要怎麼煞車呢？

這有三個思考方向：第一，直接承認自己有問題，自己有某些不足，不是聖人。你都自己嘲笑自己了，別人要怎麼追打呢？他自己又是聖人嗎？這時就有機會轉移到別人身上去了。

第二，絕對否定法。不是否定有這事，是說這事很無聊，就這樣，沒啥好講的，不爽就別投我。講明不爽別投我之後，就拒絕回應這議題，那這個議題就吵不下去，因為你都說不爽別投我了呀！

第三，退選。如果政治人物有難以回應或解決的大包呢？乾脆直接脫離戰場，這才是負責的做法。

第24堂 候選人都怎麼「做」新聞？

幾乎所有的競選總部都有專職人員負責「處理新聞」，有時被稱為發言人、新聞聯絡人，人多的話則會編成新聞組。

在「常態」，也就是非選舉狀態時，這些人被稱為議題助理或法案助理，與選民服務助理（這比較像組織部）有全然不同的工作內容。到了選舉大家一起要「變態」時，這些法案助理們就轉變成文宣組和新聞組，後者的人力就專責辦記者會、做議題。

訓練人力

要找媒體人出任新聞組長通常並不困難，難是難在於你還要有基層員工來輔助。

要怎麼訓練這方面的人力呢？多數政治人會選擇招募文組或社會學科的學

生進入議會或立院實習。我們會先讓他讀一些政府施政報告書或白皮書，藉此培養對於政府運作的基本概念。

這些文件通常是以局處來編列，一年或半年會出一本，也有整個縣市的施政報告白皮書。這種官方文書非常無聊，但若是你想成為做秀高手，還是要有理解政府職能的基本功。

就像櫻木花道雖然是天才，也要從基礎的運球練起，這種報告書悶著看，看久了，自然會發現書中的矛盾，比如數據對不上或不合理，需要進一步說明，這就可以做議題。例如我在許久以前，就曾經看到過「二〇一五年101大樓旁的信義路車流預估會是一九九六年的十倍」這種數據，當時就覺得不合理，一定有鬼（這是為了促成一個交通建設案所做的評估報告），現在看來，更是笑話了。

如果要選舉，就先蒐集好可以做的梗，這些梗被我們稱為「子彈」，接著排定出手時間表。雖然政治人物很想營造氣勢，想一口氣成為媒體焦點，但我通常不建議太密集的打議題，一個禮拜處理一個議題是最適當的。

如果短期之內做的太多，可能會造成視聽者的混淆，前面一個議題還沒看懂，你就又再出一個無關的新聞，大家會覺得你好像有在打什麼，但無法形成特定的印象。洪秀柱陣營就有這個問題，她在選舉前期的某一週，一天就推出三、四個議題，不要說一般百姓，連跟著她跑的記者都不能消化，那不就是浪費自己的子彈和記者的時間？

準備一場秀

排定開火時程表後，要做什麼準備呢？

首先要有硬體。你得開始做一些海報、手板、很顯眼的小道具，當然事前的「採訪通知」（像網路小編誘惑你來點「讚」一樣的誘惑記者來）和會中的「新聞稿」（完整說明事件，甚至寫得像新聞一樣讓記者方便照抄）可千萬不能忘。

如果有非常熟練的議題助理，那一個人就可以搞定這些東西，但如果助理太爛，就外包給專門的公關公司來做，只不過公關公司要價都非常高，所以我建議好好養一個助理，一週幫你寫一篇，只要一個月有一個議題「大中」（引爆媒體效果），你就回本了。

採訪通知是發送到各媒體聯絡中心，這個算公開資訊，發出去之後當天或前一天再去電看會不會派人來。如果沒人來，就找總部內的老記者去「弄」記者來。

實際的主活動，則有記者會、外場活動、臨時「衝場」等不同形式，但過程都一樣，等記者到場，再全面抓狂上演。離開冷氣房去外地做秀，就要動員較多人力，包括維持秩序、指引記者，甚至找助理充當「臨演」，幫助記者拍出想要的鏡頭。這當然是造假，「腳尾飯事件」就是此類經典之作。

什麼能「大中」

雖然都有SOP，但不論是政治人或普通公民都會想問，到底什麼案子比較好打？一打就紅？

所謂「弊案」，就是爆出來會有人被抓去關的那種，是可遇不可求，通常都是狗屎運碰到有人主動爆料，你又剛好及時抓到做出來。

隨著現在八卦媒體、網路媒體興盛，候選人非常難抓到獨家，民眾可能更願意給蘋果而不是給政客。如果候選人還是想打揭弊風，平常就要經營一些內線，比如法院或行政單位的人脈。

如果沒人爆料弊案，看了報告書也沒發現施政問題，那就只能「衝場子」，也就是追即時新聞，到政治新聞的現場去「衝刺」。

「衝場」做得最誇張的是柯賜海，在過去十幾年裡，只要他願意，他幾乎可以出現在所有新聞現場的畫面之中。如果候選人沒他那種恥力，就多帶一些人，去一些藍綠對立激烈的場合叫一叫（如中國高官訪臺），通常都可帶上一點鏡頭。

選舉激戰期較少操作小議題，因為大家都在衝場子，你做小花小草的小議題太「溫」了。做外場活動，也會比較動態，像是候選人騎腳踏車環臺、下鄉拜訪、在農村耕田這種，不過通常都是首長級以上記者才會想拍。而這類大型企劃通常就會交由活動組來操作，因為文宣或新聞組經驗不足，可能「Hold」不住。

第25堂 如何和媒體互動？

這就不是一般的議題助理能吃下來的業務了，最好「叫老大出來處理」。雖然在比較小的編制中，議題助理也會是新聞聯絡人，但是原則上最好有個專職的聯絡人，他可以不負責做議題，但會把議題看懂，能回答記者所有問題，一如大總部中的發言人。

如果沒人？那就只能候選人自己上了！

選戰必備的發言人

小的競選總部至少有一位發言人，同時承擔聯絡所有記者、與記者搏感情的工作；總統的競選總部則可能有四到五位，他們分別具有不同的專長，以針對不同議題去發言。

誰來做呢？當然是選舉老手比較適合，或至少是老記者出身，這些人看事情能看到比較深的面向，不會一急就講錯話。像洪秀柱總部罵蔡英文不參加國慶，卻又被抓到自己在扁朝時連續六年沒參加，於是匆忙辯說自己以前不參加國慶活動是因為不想幫臺獨背書，但旋即眾人又發現馬英九在陳水扁時期也有參加國慶，這下她和馬英九之間，又是誰對誰錯呢？這種一發稿，就被發現自打臉，當然就是「太嫩了」。

新聞聯絡人或發言人不是等到議題要開打前才去和記者混，而是在選舉啟動時就要去發名片，去跟記者聊聊，彼此認識一下。等建立初步認知之後，再邀請記者吃飯。不是一次全部叫來，而是分批聚會，才能建立一種親密與特有的互動關係，所以需要花費很多時間。這種做法不見得能建立兄弟情感，但有了吃喝三分情，人家之後要打你可能比較會收手。

資源比較多的政治人物，甚至會辦記者的旅遊活動，動用一些公務預算來招待記者，以考察之名行旅遊之實。像是將臺北市的記者全載去外縣市泡溫泉吃大餐，但這錢可能不見得是臺北市出的，而是外縣市出的觀光宣傳預算。所以這等於是一砲雙響，兩個地方政府都可以和記者建立關係。

這些活動早在選舉實際開始之前就進行了，很難構成所謂賄選的要件，但在道德上確實有疑慮。

獨家的深層意義

進到選舉過程中，可以考量放一些獨家消息給比較合得來的記者。這不是說要讓別家記者「獨漏」，別人來問也給他們追，但若是先放好料給人，人家一定會有所回報。

有些老手主張不要亂放獨家給記者，可是在候選人沒什麼資源的時候，放獨家至少可以和「一個」記者建立友情。再者，如果真的做起來，其他記者也不會小看你，還會主動來貼你。

對弱勢的候選人來說，一個大獨家或許就可以逆轉自己的媒體資源弱勢。不過也要切記，議題不要亂做，在成為媒體寵兒前，不要硬做一些根本沒梗的，否則一定會有超級反效果。

對菜鳥來說，除非是很好的梗，否則不要輕易的出手，只要能連續打出優質的議題，就算不請吃飯、私底下沒什麼交誼，當記者發現你問政有一定水準，也會建立成信賴關係。

別忘了，總部發出的新聞稿也要有一定水準，記者抓檔後不需要改半天，那他們一定會愛上你。或者你用較有水準、高度的方式來處理新聞，不是亂鬧，記者也比較願意幫你發。

此外，你也可以放一些「暗黑消息」，也就是政治圈小機密之類的給記者。這種東西不是獨家，而是不能公開的重大訊息，不可能寫在報紙上，但對於記者規劃延伸採訪的方向時很有幫助。

只要能吐夠多條暗黑消息給記者，而且也夠準確的話，記者就會越來越看重你這條線。不只是候選人，這種暗黑消息可以透過新聞聯絡人、發言人以閒聊的過程放出去。

媒體顏色

一般百姓會把媒體分為統媒、獨媒，或藍媒、綠媒，政治人物也會有這種認知。但「發新聞」是買方市場，也就是要看記者買不買帳、編輯買不買帳，所以主控權不在政客這邊。但政客的確會去拜託和自己顏色相近的媒體發新聞。

藍色拜託藍色，綠色就去拜託綠色。依照一般標準不太會上的新聞，總部新聞工作人員也會去親自（人到，不是電話到）拜託記者，麻煩他至少寫個三百字。如果你之前曾和記者建立信賴關係或私人關係，他或許就會可憐你，幫忙發一條。

我過去曾經碰到候選人一、兩週都沒辦法上新聞的窘境，千拜萬拜，終於有人願意發一條選舉花絮：候選人走路掃街拜票時，撞到玻璃門送醫。這也算是一條啦，有比沒有好。

排擠效應

根據過去經驗，因為大家選戰節奏差不多，很可能選在同一時間衝新聞，記者會排得滿滿滿，記者分身乏術，不見得能到場。而且記者就算到了，可能沒時間寫太長，或隨便寫寫，這樣的稿子編輯看了不喜歡，就把你這條擋掉了。

有時採訪通知一發，記者就打電話來問說：「你們的會可不可以錯開，同時間有很多場。」那我們會反問記者說明天有幾場，大概是什麼時段和議題，我們再思考要不要避開或調整。

大家「互相互相」，就能工作愉快。「正常的」記者當然是想去聽所有的記者會，這倒也不是大小牌或是和記者熟不熟的問題，即便你是個很小牌的政客，也可能出大新聞，如果記者漏了，真的會被上面罵到飛去宇宙的另一端。

代表性的例子就是「興票案」的揭發者楊吉雄，他就是馮光遠的「犀牛皮事件」的主角（誤把馮光遠的搞笑文章當真）。楊吉雄是個小牌的地方政治人物，但他卻打出興票案這個改變臺灣歷史路線的大案，直接搞倒宋楚瑜。

所以不論藍綠，只要採訪通知有吸引力，記者一定會來聽，來拿新聞稿。但要是大家場次擠在一起，你又不肯改期，現場給的東西又爛到像大便，那保證會被記者電到飛起來，他絕對會把你寫成豬頭。

聽起來真是小生怕怕。但我又想上新聞，該如何是好呢？有個小撇步：跟其他政治人物有點互動，就比較容易上新聞。兩個議員打成一團，就比一個議員孤芳自賞要容易上報紙。

第26堂 新媒體崛起，對選舉的影響大嗎？

新媒體通常指以網路為主要介面的媒體，強調與使用者的互動，是非常新進的選舉工具。二〇一二年總統大選之前，傳統網站和新媒體（即便臉書已經流行四年）都沒有什麼實質影響力。

雖然當時已有發布新聞為主的新媒體存在，可是點擊數量很低，無法構成足以影響大局的媒體效果。直到二〇一三年之後，新媒體才變成非常重要的作戰工具，可以說拿下新媒體，就等於拿下政治鬥爭的制高點。

新媒體的影響力只會越來越大。當傳統媒體日漸減少紙本比重，並投資擴張自身網路版的內容時，新媒體將不再只是「新」，而會成為高速成長，吞併其他的巨獸（包括各種行銷與通路產業）。

相對來說，因為擴張快速，所以這個圈子非常混亂，很難有人能完全掌握或控制。就連要定義「新媒體為何」都很困難，可能你今天講的定義，六個月後就50％不準了，第一季成功的商法，第三季就掛了。

主戰場在哪裡？

談到新媒體的主戰場，多數人想的或許是臉書，但我認為臺灣輿論風向真正的「領頭羊」，還是ＰＴＴ（批踢踢實業坊）這個ＢＢＳ（電子佈告欄）站臺，甚至可以集中在批踢踢的「八卦板」。

大約從二〇〇〇年過後不久，批踢踢就漸漸成為臺灣政治放話與觀測議題可行性的重要資訊庫。當然，也很多記者在那抄新聞。

批踢踢來自一九九〇年代臺灣校園的ＢＢＳ文化，大多數ＢＢＳ站臺於二〇〇〇年後崩解，使用者都匯流到批踢踢之上。批踢踢最大特色是以文字介面為核心，有網頁版本之後，搭配一些ＡＰＰ，顯示圖像才比較方便一點，不過基本上還是文字為主。

因為批踢踢隸屬臺大，使用者也多數是臺大人或大學生，經過了十幾二十年，這些人已慢慢成為社會各行業的精英，這種使用者資產就是批踢踢之所以壯大和具有影響力的原因。

由於使用者素質高，批踢踢便慢慢形成一種特有文化，並且有產出知識的能力。這些產出當然也包括政治意識形態：批踢踢鄉民有一套標準來衡量他們所支持的政治人物。但這種標準會浮動，因此可以帶風向。

一旦風向確立，批踢踢的政治言論就會快速集中，對選舉造成一定的影響。像連勝文被柯文哲打成豬頭，批踢踢就是許多擁柯網軍發動「首殺」、「首勝」的地方。

批踢踢會不會被控制？

雖然許多人想買下批踢踢，但都沒有成功，目前站方也沒特殊的政治調性。或許有一些站長以個人身分支持特定政黨，但要說能影響整體站方的行政管理，或是說整個站已被特定政黨控制，我認為都是過於誇大的說法。

硬要將批踢踢整體政治意識形態進行歸類，大概是偏向「反對執政者」，傾「改革」的這一側，展現出某種「精英知識分子的理想性」。

那將來呢？很多使用者擔憂「將來批踢踢會不會被某些政治力量掌控」？但我認為除非發生重大事件（比如說批踢踢突然「商轉」），否則依目前批踢踢領導階層與精神領袖的態度，我認為可能性低於1%。

這些批踢踢的「貴族」熟習許多高端技術，足以防止批踢踢被惡意掌控。

像很多人認為只要養殭屍ＩＤ（假的分身帳號），到選舉期就可以製造風向，但事實上站方只要用程式跑一跑，十分鐘內就可以抓出這些帳號並全數消滅。

為什麼？

因為政治人物所操控的網軍，其資訊工程能力都落後給站方，站長群是臺灣最頂尖的資工精英。也因為站方對本身專長有種阿宅式的自傲，所以也就不容易被政治勢力影響。他們通常對政治人物都是抱持著鄙視與懷疑的態度。

我建議候選人對批踢踢抱持敬畏之心，這樣你才有可能獲得助力。如果隨便裝熟，裝懂，我可以保證你必定會烈火焚身。

自然散播力驚人的臉書

臉書（Facebook）有其重要性，但其價值與批踢踢不同。前者就像是各家新聞臺，而後者就像是在鏡頭前哇哇大叫的政治人物。資訊起自批踢踢，再透過臉書散播到全臺灣各處去。

臉書是臺灣目前最主流的社群網站，至少有七成以上的公民曾使用過，約三、四成是每週至少使用一次的客戶。

臉書推送給每個人的內容都不同，你喜歡看藍的文章，他就會推更多的藍軍文章給你。因此從自身的人脈網去判斷臉書的政治風向，一定會誤判。

但臉書的確是一個很好的市場，我認為政治人物可以從臉書來下廣告，並推送自己的粉絲專頁。就各類選舉廣告來說，由臉書直營的廣告是成本最低且效果最好的。我認為花兩百的效果，大概與花三、四千買其他廣告差不多。許多政治人物也有同樣的經驗與看法。這不是幫臉書「打廣告」，我可沒收臉書的廣告費，我自己還花過錢試買哩。

開臺

當然，因為臉書「開臺」（建立粉絲專頁）很容易，所以上面也有一狗票藍綠網軍的粉絲頁。有些人說這種海量攻勢，說不定能拉起選舉落後方的氣勢，但就我的觀察，你如果有一家五十萬讚的粉絲專頁，效果遠比有五十家一萬讚的粉絲專頁要好。為什麼？

因為你那五十家的粉絲大量重疊呀！資訊根本就拓不出去。藍軍就有這種問題，他們搞了太多個專頁，反而讓力量分散。會造成這種現象，可能是「相關承辦單位」以多頭馬車的方式大量發包，每一包又都非常小包，預算可能都是「五十萬」以下級的。這樣當然搞不出什麼名堂；兩百萬以上的，或許能做出比較好的識別系統，但也沒辦法談太多深入議題（因為好的內容也要花錢買），他們的錢若花在設計上，就無法用在其他層面。

綠營網軍之所以強大，是因為支持者眾，志工就多，加上對於推倒國民黨有一種革命熱血，因此整體戰力強上許多。若要花錢買到這種程度的網軍，絕對要破億才有辦法搞定。

對於普通候選人來說，請不要肖想自己會有太多志工網軍相挺，你平常有「積陰德」，多做好人好事，扶老太太過馬路，才可能會有突然出現的網軍挺你。完全沒積，還是回家洗洗睡吧。

那候選人有沒有必要開臉書粉絲專頁呢？可不可以用原本的個人帳號？

我認為開專頁，並花錢聘人搞好自己的專頁是必要的，那是個發言的平臺，也是個新媒體，當其他媒體的宣傳或澄清管道都斷絕時，這會是很重要的救命管道。

第27堂 網路外行人要怎麼經營網軍呢？

找到網路戰或新媒體的長才是當前競選總部的一大困擾。畢竟自己不懂，就要找到懂的。但一個不懂的人，要怎麼找到懂的人呢？

目前還沒標準答案。

雖然的確有一些業界高手存在，但不懂裝懂，或是想騙錢而上門的更多。因為騙錢者眾，所以我建議候選人最好還是養一批直屬的「網軍」。提早訓練，長期培養，甚至自己開個小小的新媒體，透過時間來淘洗人力，並建構能有效控制的傳播管道。

小編

自己養以外，也要找一些外包的來輔助。那誰最有投資的價值？誰在接下來的網路戰、新媒體戰中是最重要的？

有人說是ＩＴ技術人員，有人說是網路行銷業者，有人說是我這種時論專欄作家，也有人認為是媒體老闆。但我認為最重要的人，是各種新媒體與粉絲專頁的責任編輯——「小編」。

這種網路編輯的「總量」與「權力」是以等比級數快速成長，在我寫這段文字的同時，他們已經比紙本報章雜誌的「老編」還要有影響力。

就算你不關心政治，你也不難發現小編在處理交通事件、社會兇殺案與娛樂明星的新聞時，他們下的標題與註解會對觀看者產生很大的影響。雖然不是每次帶風向都能成功，但只要建立起個人風格，這些小編也會成為意見領袖，類似過去的「大記者」。

不過，雖然他們影響力很大，但相應的判斷力和道德表現卻亂七八糟。我想多數的傳播學老師都不會否認當前小編「亂下標題」、「亂帶風向」的表現，已經強烈衝擊到現有的媒體倫理守則。

對不了解狀況、首次接觸網路訊息的人而言，這些網路編輯的發言有先入為主的影響力，可是他們擁有的基本知能不夠深入，言談過分追求點擊率，加上薪水低、工時過長，其工作成果相對粗糙，所呈現的新聞內容也比較輕薄。

這些小編也容易被政治人物收編，因為他們薪資真的太低，是比記者更有

「投資價值」的對象。

但無論小編或是粉絲專頁行銷經營，都受到臉書演算法的影響，接下來選舉的關鍵，或許也包括何方陣營可以破解臉書的演算法，把資訊在成本最低的狀況下準確的推送到他想要找到的受眾。

時論作家

很多人認為我這種時論作家對選舉也有不小的影響力，也可以用錢買得到。的確可能用錢買到一些知名網路寫手來幫政治人物寫文章，我也會幫政治人物寫一些「業配」，但效果好不好，我個人是「非常保留」。（這樣講不知會不會被同行砍）

其實大多數的網路文章並沒有收特定陣營的錢。有時罵很兇，甚至罵到選舉局面反轉的網路人氣文，都只有收取媒體本身的微薄稿費。如果用買的效果不見得好；沒買的效果卻出乎意料的生猛，政治人物還會出錢買嗎？

在現實情境裡，藍軍的確比較缺乏這方面的好寫手。當他們還在依賴趙少康這種前輩的時候，就代表他們缺乏「四十歲以下」、「懂新媒體技術」，且論述「具一定說服力」和「公信力」的書寫者。

當綠軍的寫手都已進化到由網路世代主導市場時，藍軍還在依賴紙本時代的老寫手，效果當然就不好，因為寫紙本和寫新媒體，從語法到結構都不一樣。

怎麼解決呢？老話一句，不應該花錢買現成的，而是應該加速培養新人來投入市場。養一百個年輕寫手，總有一個可以寫出頭吧？

許多人會從「文章點擊數」來判斷時論作家的影響力，這有一定道理，但也不夠準確。我認為真正的關鍵在「成長率」。「成長率」是指粉絲數會不斷成長，且成長曲線可以保持一致，不會出現成長停滯「長尾期」。

有很多網路時論作家受到一時的歡迎後，就會進入很嚴重的成長停頓，甚至出現倒退。而影響力比較強的作家，每週都能有固定的增值。二〇一五年上半，呂秋遠律師都保持非常驚人上升線型，這代表他一直開發新的市場，影響力也會不斷增值，實質接觸到他言論的受眾，可能一年就會成長八倍。

這種新興的勢力雖然還不到傳統名嘴的影響力，但如果一講話也有三、五萬人會看到，那也算是一方之霸了。

經營網軍從哪下手？

網路時論是個容易出頭的地方，誰都可能一夕成名。所以我建議如果你對政治有興趣，又沒什麼資源，這是條可以考慮的起家之路。

雖說做媒體的都認為「內容為王」，內容才是決定誰能出頭的關鍵點，而新人通常寫不出好的內容，但網路上同時呈現的東西太多，只要抓到一個爆炸性議題，即便談到的內容不多，只要你這篇有「梗」，就有機會翻紅。

同樣的，政治人若要培養底下文宣或議題助理的戰鬥力，從網路時論來切入，或許是比較可行的方式。若像過去從「寫新聞稿」的模式來培養，出來的水準雖高，但以現在政治議題的發展節奏來說，很可能會「來不及養出來」。

畢竟寫新聞稿要寫到獲得普遍肯定，可能需要三到四年的時間。網路時論呢？只要一個月就可以。

成立網軍的目的不一定是要攻擊別人，也不見得是要當什麼駭客，而是要利用網路的特性，針對時事做出最快速的反應。像蔡正元之類的網路宣傳高手會利用臉書不斷出手攻擊，但我認為並非所有政治人物都需要不斷發動攻擊，重點在於透過新媒體來防守：是否能有效回應對手發動的攻擊。

前面提過危機處理小組，你也要在網路上建立快速反擊部隊，以便能在最短時間內打臉對手，逆轉輿論風向。只要成功兩、三次，你就能在選民心中建立「高效能」的印象，這比開對手二十槍，卻全是空包彈要好多了。

第28堂 怎麼準備辯論會？

通常只有總統或直轄市長選舉才會有辯論會，其他選舉頂多是政見發表會而已，但這種公辦政見會連候選人都不想去，因為就算去了，似乎也沒人想看。唯一例外的大概是陳致中與邱毅選立委時的跨區辯論大戰，不過那基本上是拉抬雙方選情的搞笑活動。

而總統和臺北市長選舉的辯論會就相當重要，如果講得不好，選情會急轉直下，近年最具代表性的例子就是連勝文。

辯論組

大競選總部都會設立專責的辯論組，這是在政策組、文宣組之外，另外找一些專長是辯論的大學老師來帶領。雖然政策組可以提供具體資料來支援，不過辯論更看重現場反應與攻防策略，所以談話技術的專才是非常必要的。

大約在辯論會開始一個月前，相關人力就已經進駐總部，並且開始擬定「題庫」。這些題目包括自己可能被打的「盾牌」，還有可以用來攻擊對手的「長矛」，矛盾加總大約會列到上百題，然後會有政策組與辯論組合作對題庫進行擬答，以及針對擬答的再質問與再回應。

等到高層完成審稿，候選人就會開始記誦這些題目和答案，這時大約是辯論會的兩週前。在辯論會的前幾天，已經背得差不多時，會舉辦「模擬考」，也就是租用類似實際辯論會場地的空間來演練。

候選人穿上當天的服裝，找來身型、口氣與對手差不多的假想敵，照辯論會的實際規則來走流程一到兩次。

候選人的行程通常很忙，不太容易拉出一段時間來演練，所以一般都是深夜在練。一些很重視辯論會的總部，甚至會暫停一週或幾天的行程來全心準備。

不行就別辯

幸好近年大選通常只舉行一場辯論會，因此這樣的準備過程不用重複太多次。但在一場定勝負的狀況下，只要小輸一點，就可能造成全軍崩盤。所以候選人如果沒有必勝的決心與能力，可以考慮直接拒絕對手的挑戰，改成政見會。

像連勝文在辯論會中，多是背稿演出，對提問人回答彈性很低，只是照本宣科，這會讓選民覺得他「笨笨的」。甚或只要一出招，就被柯文哲打臉，打到最後，甚至柯文哲的支持者都「於心不忍」。對柯文哲的反擊，他都沒辦法即席提出回應，或是實問虛答，這又形成一種不負責任的形象。

這應該是事前演練不足，並非連勝文真差到哪裡去。別忘了，那場的公民提問人，還有好幾個是他們的暗樁。所以業界對於連營辯論組的批判聲浪頗大，辯到這麼慘，還不如不辯，寧願被人罵小龜龜，也不要一辯之後氣勢完全垮掉。

雖然連勝文的支持者可能不認為連在辯論中輸了，可是他總部的明眼人都清楚這是「整組壞了了」，因此辯論會之敗，也重挫其總部士氣。就我所知，辯論會之後，很多連總部的人就幾乎退出運作，消聲匿跡了。

第29堂 臺灣的選舉特別愛抹黑？

抹黑，就是無中生有，或是把別人的案子硬搞在對手頭上。公民們通常希望政治人物選舉時能多講政見，或是談一些比較正面的故事，儘量不要攻擊對手。那為什麼抹黑還是臺灣選舉的基本款之一呢？

抹黑的「優點」

之所以採用抹黑，主要的原因是成本非常低廉。只要一個記者會，甚至上節目、在網路放話，就可以重創對手，比起辯論會等大規模作戰來說，成本最低而效果最大。

第二個原因是「塗顏色很容易，但清乾淨很困難」。澄清是最難的一件事，因為人通常都只會聽自己想聽的話，你抹黑某甲是笨蛋，某甲可能要花很多時間算一題微積分，才能證明他不是笨蛋。是以澄清的成本非常高。

更重要的是，抹黑打掉的票可能是中間選民，中間選民的特性是不信任任何政治人物，所以他們對於抹黑的內容會特別在意，因而影響選舉投票意願。蔡英文在宇昌案中所流失的選票，主要就是這一塊。

綜合以上「優點」，雖然抹黑在道德上「想都不用想一定是錯的」，但對候選人來說都是種「甜美的誘惑」，所以這是很難消除的選舉作戰模式。只是抹黑要操作到好，非常的困難，甚至一不小心火就可能燒回自己身上。

抹黑與快攻只有一線之隔。柯文哲競選臺北市長時期，對手就用了很多快攻戰術，就效果面來看，都是失敗的，反而重創自身選情。這幾波攻勢非常凌亂，沒有系統，看來都是沒完全準備好，有三分證據就先開槍，開槍後才去補七分資料。但這七分往往還沒補上，就被柯陣營反打臉到爆了。

這種快攻戰術真正做出名堂的，是過往的邱毅，他在打扁時期往往抓沒幾分證據就出手，只要十個打中一個大條的，百姓就會認為他是揭弊達人，會忽略他打成空包彈的例子。

所以重點在於你要在亂槍中打到一、兩個案子，才會有效。而國民黨打柯文哲時，前後開了十幾槍，一槍都沒中，那當然，你自己的候選人就會完蛋了。

名嘴開砲

最常見的抹黑方法是由名嘴和民代提出質疑，這些質疑可能只有一些口語爆料，而沒有太多文圖證據。不過，因為名嘴和民代的口條通常不錯，可以把很小的事情講得很像一回事，所以往往有很好的媒體效果。

如果最後一直都沒有直接證據跟上，當然就算是「純抹黑」了，但攻擊者可能一開始就是為抹而抹，本來就不打算追資料，或是想靠著抹黑來「釣」資料，放話後看有沒有深喉嚨想提供真正的「好料」。

此外，名嘴和民代有較多的曝光機會，召開記者會，肯來的記者也較多，就算沒有證據，主流媒體也願意刊登，所以透過名嘴或政治人物出手，也就等於透過主流媒體出手。

雖然很多名嘴已經被告翻天了，但還是會一直看到很多名嘴在放話，代表這真是「太好賺」的一條路線。可以想見的是，他們之後鐵定會繼續放話，記者還是會繼續照登。

有些候選人還會去「買」一些重要名嘴，將他們當作陣地外圍的砲手，也就是「側翼」。我曾在上節目時聽名嘴私下聊天，才得知某名嘴甚至收過特定陣營「一輛車」的厚禮。

網路戰

另一種放話法是透過新興的臉書社群，或在批踢踢操作風向。你要在這些新媒體中放話，就一定要掌握其運作的模式與鄉民的語言。但批踢踢鄉民非常精，普通的「做夢文」（說自己夢到候選人某個案子或八卦）不見得能帶動討論，甚至會被對手負責帶風向的網軍立刻蓋掉。最好要有可信的網路名人作為擔保或聯絡人，才有辦法讓議題發展下去。

網路另一個特性是抹黑的很快，反擊也很快，抹黑一小時之後，對手就可能揮出反擊拳。傳統媒體一般要半天才會有具體的回應出來，但網路幾乎可以做到即時回應，所以攻防轉換會瞬間發生，要投入很多人力注意延續狀況，以免自己的局反而被對手利用。

黑函

提到「傳統媒體」，很多人會想起傳統的巷弄放話，也就是「菜市場歐巴桑」在傳的謠言。現在歐巴桑的溝通也已經轉進到網路世界，婆婆媽媽放話轉變以 LINE 來傳遞，那就又回到網路抹黑的層次。

巷弄放話的「精緻版」是「黑函」。黑函就是不具名的攻擊文宣，過去是真的會印成信，寄到每個選民家裡，現在大家最常看到的就是LINE黑函了。

有時具名文宣的也算是黑函，比如說寫了名字也根本不知道是誰的小團體，又或是從小黨發出來，內容卻「非常勁爆，顯然資訊一定來自對手內部」的文宣。就算那個小黨主張是自己發的，但他們明顯不會知道這種事，也不具有這種程度的製作能力，我們一般也認定那是黑函。

抹黑如棋

抹黑並不是開一槍就跑，而是像下棋一樣，要擬定後續戰術，甚至到十幾步之後：你攻一步，人家可能會守，也可能會快速反擊。當別人快速進行反擊時，你要如何繼續施壓，讓對手反擊失效，接著再多咬他一口，或是故意示弱，誘敵深入後，再一舉把敵人全軍拖下水。

我聽過最猛的例子，是A得到競爭對手B的外遇資訊後，反而是先找人來抹黑自己有外遇（當然自己沒有），等B見獵心喜也跳下來咬A，把A罵成豬頭時，A才出來澄清完全是誤會一場，然後反咬B自己才有外遇。這種「計中計」其實在鄉鎮市級的小選舉很常見（特別是關於賄選的抹黑），大選舉反而少見。

還有種抹黑手段，是透過敵對陣營的候選人來進行抹黑，抹黑的對象是跟自己同一黨的候選人。

之所以會「自相殘殺」，可能是此選區提名太多同黨同志，為了搶有限的當選名額，只能想辦法排除同黨候選人中比較弱的。主導攻擊者甚至會提供內部資訊給敵對陣營去發揮。比如說綠的提供「內參資料」給藍的，那這個藍的候選人就會全力去咬掉另一個綠的候選人，這樣其他綠的就能分到比較多票。

我也聽過還有競選總部會資助貧困的敵對政黨，包下對方的行銷費用。為什麼要這樣做？

第一種狀況，是希望透過兩黨衝突來拉抬自己聲勢，所以花錢讓對手來亂咬自己，因為是「咬假的」，打不會痛，就可以拉抬自己聲勢。而收了錢的「小幫手」聲勢也會上升，最後說不定兩人有機會一起當選，因此也樂得配合。

第二種狀況，就是養一個「和自己不同顏色的候選人」來咬「和自己同顏色的」，這就是會「咬真的」，殺到刀刀見骨了。

當然，你計劃的是一種狀況，但「被養的那個人」做出來，也有可能是另一種狀況：因為他也被你同黨的買通了。

計中計中計，這種選舉人生太累了，還是奉勸各位社會賢達要多積陰德，少抹一點啦！

第30堂 碰上抹黑時，如何危機處理？

前面已經談過「自己出包時」的處理方法，其實碰到抹黑，相關的處理原則也差不多。抹黑當然是無中生有，所以你要準備的範圍就更大一些，要盡可能發揮你的想像力：對手可能抹黑你不是地球人。

盾牌先準備好

首先，老話一句，等碰到問題再來處理，一定會處理得非常不好。所以你應該先把自己可能被打的點都建立一套說詞，這就是前面提過的「十八套劇本」，每個問題都要準備好標準答案。

你這個候選人可能被認為有什麼缺陷（隱疾、罕見性向），或是你過去經歷太豐富，可能會被誤認做了什麼壞事情，像是否打過隔壁的大雄，都要建立一套「能證明自己清白的說法」，預先準備好所有資料。例如國民黨抹柯文哲的金錢帳目問題，柯文哲居然能拿出一堆千年老單據，這就真是太屌了。

因為要準備的東西實在太多，這最好在選舉前期，甚至投票前一、兩年就處理好。

可以自己先燒

如果判斷可能被抹什麼事，候選人也可以自己先講掉。像洪秀柱就自己先打「可能會被人家說是小三」、「自己曾經得過癌症」，這樣對手又沒辦法再操作下去。

有時你自己真的有某種問題，但相對輕微，只是害羞不敢講，這時對手如果先出招，你的三分過錯，他講成十五分，那你之後就算澄清，也會有「說謊」、「隱瞞」的負面印象，所以不妨提早出手，在選舉前期就講清楚。

但如果你的包是非常大包，時間又很緊迫，那最好不要自爆。像是陳為廷選苗栗補選，只有一個月的時間，自己又主動談性騷擾的過往，還沒有講清楚，讓狀況一直延燒，當然就爆炸了。

這種嚴重狀況，應該要等人來打再來回應，因為天下無奇不有，搞不好對方候選人陣營也有類似的包，就算知道你有這個梗，人家也不會打你這一點。

所以如果很權謀的話，先按兵不動也是一條路。

其實就倫理學的基本原則來說，你過往真有什麼包，最好還是在實際參選之前想辦法以公開、和平、取得共識的狀況下解決掉，這才能達到政治人物最基本的負責任標準。

要做好抹黑防禦，良好的媒體關係也很重要。如果有些人打算抹黑你，和你比較好的記者一得到消息（因為會採訪通知），你就可以預做準備，可以同時在另外一頭「開戰」，如果能在人家開記者會之前，早他十分鐘半小時開「澄清並反打一槍」記者會，那就更猛了。

攻防一體

有一種防禦方法，就是先咬人。這就是我們才在抹黑部分提過的，明明是你自己有外遇，可是你先去打對手有外遇，接下來對方就會很難打，如果他再打你也有外遇，話就也說不清，大家只會覺得這兩個候選人一樣爛。

本來只有你是爛人，現在兩個一樣爛，你不就賺到？

這種出招也會有很大的震撼效果，通常會讓對手陣營非常意外，他自己可能都沒準備好相關說詞，不知該作何反應而大亂。

你也可以打不同的問題，像對手打你外遇，你就打他涉貪。也許你的外遇是真的，他的涉貪是假的，但你們雙方打得很激烈，會讓選民誤以為他的涉貪是真的。

這是媒體所造成的錯覺，雙方好像在對辯、互咬一些事情，但一旦進入爭吵過程，百姓基本上聽不懂後面講什麼，就只會有第一印象。什麼第一印象？你有外遇，而他涉貪。

那為什麼要打涉貪？因為涉貪與政治的本質有關，而婚外情跟政治本質無關。這種操作技巧，就真是賤招的最高等級了。

徹底裝死

還有一種防禦辦法就是徹底地裝死。如果有記者追問，你就不斷回答：「一切請檢察官來調查，我們會在法院上做最完整的說明，法官會還我一個清白，謝謝大家關心。請大家小心不要跌倒了。」等等。這和馬英九的「一切依法辦理」、「謝謝指教」的原理是一樣的。

徹底裝死有非常多成功的案例。有些案子看來根本無法裝死，但當事人完全不理會，還真的給他撐過去。這當然需要有某種特殊的形象（本來就不是聖人路線），加上一些不羈的個人特質，就可渡過難關，拗到最後，大家還真的會忘記。

最具代表性的就是某T姓民代。特定媒體一直追打他與女祕書的關係，但他就是完全不理，徹底無視攻擊，所以一直都沒有造成他什麼實質傷害。

武場

第31堂 選舉是否有很多「搓圓仔」的密室協商？

接下來我們要進到「武場」，也就是組織部門，打打殺殺的內容。當然也不會一見面直接就殺，很多事情能「喬」，就喬看看嘛。

講到「喬」，就是「密室協商」，絕對是以立法院最有名。

在臺灣出現反對黨之後，因為合法的杯葛手段，使得立院議事很容易延宕。小黨只要不斷提動議，喊程序問題，會就開不完。為了解決這種困境，後來就發展成合法的政黨協商模式，由各黨團代表簽字保證法案的通過。

很多人認為這是「立院黑箱」，像是二〇一六年的立委選舉，第三勢力政黨對這點就不斷批判。但這是個演化出來的結果，不這樣搞，會真的開不完，因此不只立院，不少地方議會也有這類內規，在預算案審核或包裹表決的時候，都會找各黨團來，先把爭議點都喬好，一旦各黨團簽字定案，出去後大家就都不準亂，只要投票就好。

這是經過不斷衝突矛盾所磨合出來的方法，目的是讓議事順暢。

候選人也需要搞協商？

選舉中也有很多這類型的協商和交換，最主要的原因也是避免直接衝突造成的資源浪費。那這種候選人的協商通常在談什麼呢？

第一種是「責任區」，翻成一般百姓看得懂的詞就是「地盤」。在複數選區中，我跟你同黨，但地盤可能重疊，樁腳也可能重疊，因此透過協商區隔出「責任區」，這區票全都歸你的，那區票則全都歸我的，大家就不用搶破頭。這中間可能會有些利益的交換（直接用錢換），有時說不定還可以談到讓對方退選，這就是「搓圓仔」了。

第二種是「議題區分」。好的議題大家都想打，如果透過協商、交易的形式，把一些議題給你做，讓你能形塑出某種專家形象，像交通立委、國防立委等等。如果我不是國防立委，但我找到一些很好的「國防梗」，那我就會協助你來做，同樣，如果你發現一些「交通梗」，那你也要協助我來做。

此外，如果要做議題，就要確定這議題打下去的效果是最好的，所以候選人可能會和敵對黨先進行協商：針對這議題，兩黨要怎麼分頭去操作，才能拉抬彼此聲勢。協商好，就可以減少摸索期，不需要「培養默契」就能讓各自的操作達成最大效應。合作良好的話，還可以約定雙方出手的時程，錯開做新聞的時間，以免「卡到」，讓彼此議題的媒體效果都不好。這也就是之前所提到「做新聞的時程安排」問題。

不道德性

密室協商在選舉中很常見，而一如在抹黑部分提及的許多做法，不同政黨也可能透過這種偷偷摸摸的協商來達成一些戰術合作。

在道德上這當然是錯的，因為政治資訊不公開，就會傷害公民「知的權利」，並影響公民做出不正確的投票行為。

但選舉又像戰爭，雖然大家都知道這不好，卻也很難避免受到密室協商的誘惑。大家想的都是「先贏再說」、「贏了再來當好人」。如果真的都當好人，那大概就不會贏了。

這是演化出來的結果，所以這是種「必要之惡」嗎？

我還是要強調，演化出來的結果，只是一種最有利的生存方式，不一定在道德上是可以接受的。

第32堂 競選總部的一狗票單位到底都是在幹嘛的？

我們在討論預算的部分，已經提到過許多組別的名稱與業務，在後續的討論中，也提到這些組別的人力是從哪些方面找來或如何培養，但就是還沒有好好的探討「選舉組織」的整體概念。在這裡，就來好好的「複習一下」，幫大家打通經脈。

三大結構

萬事都從零開始。我們過去承包選舉相關業務，都會誇下豪語：「給我候選人和錢，我就給你一場漂漂亮亮的選舉。」

那有了候選人和錢呢？就和玩《三國志》、《信長之野望》等策略經營遊戲差不多，一名「新君主」，當然就要「耕田」、「談判」、「養兵」，然後慢慢擴張力量。而這「耕田」、「談判」、「養兵」，在選舉中就是「錢」、「文」、「武」等三場了。

所以總部的組織，當然首要是「錢場」，再來是宣傳的「文場」，以及組織的「武場」（也有人分別稱為「海」、「空」、「陸」三軍）。我們前面的探討順序，也是先談了錢的問題，再探討文宣的問題，最後終於來到組織部的問題了。

在梳理總部整體的結構之前，我要補充的一個重要概念是，這些組別的「名稱」只是個大概，不同總部會有不同的說法，但其運作的業務是相差不多的。

錢場

錢場，就是「行政組」，是維持總部日常運作的庶務單位，你可以視為一般公司、單位的總務處或出納組，管的就是錢，從招標到結帳，都是他們的業務。大一點的總部還會另外分出「祕書組」，主管候選人日程安排，以及「人事組」來主管人員到班進出等等。

行政部（或祕書組）底下會有「隨扈組」貼身跟著候選人，警局派來的支援警官都屬於隨扈組，由隨扈組供吃供喝，協調他們上下班的基本需求。直轄市長等級以上選舉的隨扈組，通常是司機和安全人員各一到兩名，再加上隨身祕書（通常稱為隨祕），這人往往是候選人的分身，手中掌握好幾支候選人電話。此外，還會有一些隨身助理，更大規模的選舉更會規劃化妝師、攝影師，以隨時跟拍、調整候選人的狀態。

文場

文場呢，當然主要就是「文宣組」，又稱為「空軍」。文宣組要負責議題製作、識別系統的設計製作發包、廣告採購和製作的維護與維持等。發言人、新聞聯絡人也隸屬文宣單位，或是會另外成立「新聞組」。

若是首長候選人，就會設「政見組」。政見組又可能分專門提政見的「白皮書組」，還有專門針對辯論的「辯論組」，來推敲對方策略與規劃實際演練。

「活動組」，有時會算在文場，有時會被納入武場，看各總部的風格來決定。他們通常負責準備大型造勢晚會，晚會可以多到十幾場，少則也會有「總部成立」、「選前之夜」兩場。現在因為時空環境改變，特殊活動越來越多，柯文哲還辦過泡泡足球、健走等活動，這些都是將舉辦權外包的活動，但一樣要進入到競選總部去核可，甚至還要總幹事點頭才能辦。

地方民代比較喜歡辦慈善服務活動、鄰里康樂活動，所以有越來越多社區類型的小活動，企圖拉近選民與候選人之間的距離。最常見的搞法，就是辦法律服務，在公共場所找幾個律師坐檯，然後掛候選人的名條，想辦法踩公家機關不能宣傳政治人物和選舉的紅線。

武場

武場，也就是「組織部」，除了被稱為「陸軍」之外，通常又叫「外場」（前面提到各組都算「內場」），因為他們會在外面一直跑，負責安撫「樁腳」。

那什麼人會是樁腳呢？

你可能會想到地方上的村里長。沒錯，村里鄰長都是重要的樁腳，但多數臺灣人所不知道的是幾乎每個村里都有「社區發展協會」，協會的會長和里長可能是敵對的，所以你等於有兩條線要拉。

此外，組織部還要負責成立各種職業別的「後援會」，像是小吃業後援會、西點麵包業後援會之類的。

這些外場的人不太進辦公室，平常都在鄰里上串門子，代替候選人出沒，就等於是候選人的分身。

組織部還要維繫「服務處」運作。服務處就像是地方上的小型競選總部，純接待選民用，在那邊擺幾張椅子、泡泡茶，找個人接電話，外面放些花籃、橫幅，讓當地支持者有「家」的感覺，順便收一些選民服務案子。

前面提過的「機動組」，原來意思是機動調度幫助其他組別的組，後來變成擦屁股的組，其他組做不好的時候，機動組就要進去。有些大總部會在組織部之外，另外派機動組下去建立第二套組織，做為監軍之用。

說難聽點。一個競選總部，其實只要機動組的人就可以運作，但因為機動組成員身價高，不容易留得住，所以就用「只是來看一下就好」這樣的說法來把他們拉進來，並且成立個「機動組」來安放這些妖魔鬼怪。

第33堂 競選總部那些職稱的工作內容是？

所有名片上印的都是浮雲呀！選完就沒意思了。

年輕時，我很計較名片上印啥職稱，也因此被帶我出道的師父嘲笑，要我自己去印個「兩廣總督」。這事被他們笑了至少十年。

在競選總部這種臨時組織中，「實權」才是最重要的，職稱意義不大。但我們還是來簡單介紹一下。

高層

競選總部的最高領袖叫總幹事，但總幹事有兩種，一種是「實質總幹事」，他可能非常年輕、經歷過兩、三次的選舉，多數是從基層做上來的專業抬轎者。名片上有時叫「辦公室主任」，有時叫「特別助理」，但大家都知道他就是「總理大臣」。

另一種是「名譽總幹事」，找大樁腳出任，或是在地方上具有實質政治號召力的退休政客。這角色只有象徵意義，沒有什麼實權。你知道的總幹事，通常就是這一種。

「特別助理」是候選人的分身，通常用來幫候選人處理比較暗黑的事。若候選人因故無法出席某些行程，又一定要有人到場，那就會派特別助理去。一般看特別助理到了，就等同於是候選人到了。

中層

除了前面真正大咖的「主任」，還有兩種主任，地位會低一點。「議會辦公室主任」聽起來很派頭，但通常只是個議會研究室主管。他的作用主要是管好人事與庶務。

「服務處主任」是管各地服務處（與選舉時期的小總部）的頭，底下大多沒有全職員工（只有志工），因此個性上就要更隨和、更鄉土。

前面提過的各組別，都會有自己的組長與副組長，其地位通常等同上述的主任級，有時根本就是同一人。例如「文宣組長」在平時就是「辦公室主任」，而「服務處主任」在選舉時當然就是負責組織的。

到了選舉期，又會多出很多「顧問」，搞不好你家長輩就有好幾張政治人物發的顧問聘書。一個總部可能印幾百張顧問聘書，只要人家肯收他們就印，因此這種顧問意義就不大，只是意思一下給你個面子。

連勝文選臺北市長時，就找了很多大頭出任顧問，但那很明顯就是列爽的，對於選戰「技術面」幫助不大，而且也沒辦法讓人想投連勝文，因為那些人本來就是支持國民黨的。反觀柯文哲的顧問名單就面子、裡子都有，各行各業都找了代表人物，「懂的人」看了就會嚇一跳。

當然，為了勝選考量，總部也會有一些真的顧問，可以請教戰術與技術問題。這種人通常不會給你看到，因為他們的身分可能會「有點尷尬」，是在政府或媒體裡頭服務。一個總部只要挖角到一、兩個真正能打的顧問，就很威了。

比較邊陲的是「後援會長」這種角色，他可能是種榮銜，也可能是真正掌握組織調度權力的人。如果只是榮銜，那就像大量印刷的顧問證書一樣，可以讓當事人稍微爽一下，但能不能發揮實質影響力，就要看組織部人員如何去動員他了。

基層

最低階就是所謂一般助理。內勤人員常自稱助理，電話接起來問他是什麼，他就算是「總機妹妹」，也會說自己是助理。而外場人員因為要去各地發名片，所以會印相對派頭的名銜，如「專員」、「代表」、「執行代表」等等，但說穿了也都是助理。我當年就是在爭這個虛名，才會被長官笑死。後來索性都不印了。

第34堂 選舉「動員」是什麼意思呀？

動員，就是把手中擁有的組織人力一次「擠出來」，但不是你想擠就可以擠，也不是有錢就能擠。

選舉機器的「啟動」、「加溫」、「全力運轉」、「高速運轉」，都有一定時程安排，若太早開始運作，就會變得成本太高，但產出有限，因為其他候選人都還在休眠，你炒不熱，看起來還會像個積極過頭的白痴。

因此在選戰初期的組織動員通常規模不大，運作節奏也比較緩慢。你要慢慢去運作，最後面才能動員出龐大的人力。

最先啟動

整個總部最先啟動的往往是組織部門，而且遠比文宣組早，甚至在選前一年就開始安排見地方大頭。蔡英文在二〇一二年選輸之後，幾乎是在敗選的瞬間就已經展開二〇一六年的競選組織行程，足足提早四年。很多人說她躺著選，不是故意亂講，就是不瞭解內情的大外行。

提早開始運作，當然就不能跑太急，要細水長流。不是一天到晚跑去找樁腳，而是保持固定互動週期，每次去都要能解決或回應上次的問題，並帶來具體的好處或承諾。這種方法可以慢慢建立熟悉感，到了真正的選舉期，對方才會願意為你去「動員」。

但也有人認為馬英九把上述這個做法打壞了。馬英九跑基層的方式和過去政客都不同，從不交心，都是利用自己的光環來吸引對方接近，但和對方合照後就離開，不記得對方的需求，也不給具體承諾。

不過他就是能當選，因此很多政治人物後來也學馬英九這套，只是去沾個醬油，完全沒有深耕。結果是什麼呢？結果就是國民黨傳統的組織樁腳系統全面崩潰，不但衝擊到二〇一四年的地方大選，直到二〇一六年的國家級選舉都搶救不回來。

外展活動

有了這些地方的樁腳和線頭，組織部門才有動員的能力。有組織動員的正式活動，一般會在選前半年出現，最初是大量舉辦各地的選民座談會。這種會通常會動來幾十人到百餘人，可能天天都辦。

最近有些第三勢力會辦不到十人的客廳座談會、家庭會，這是非常小的格局，我不太清楚其效果和意義。傳統的座談會，通常是在廟口或鄰里活動中心，主題不見得是政治的，可能是健康、法律、親子或新知說明，但政治人物會坐鎮在現場服務。

這也是地方頭人展現基層實力（以爭取候選人「投資」）的機會。若這些地方組織有回傳一些需求的話，即使是很局部的問題，也是要先處理。選前總是在修馬路、鋪馬路，就是這個道理。

第一階段主要是政治人物下去地方跑，去人家的場子跑，在地的人士只要把鄉親從家裡叫出來，走到步行可達的地點即可。但選前兩個月的動員，就會反過來，不再是候選人去你的場子，而是「樁腳」要把人動員到「候選人」的場子來。這些場子包括造勢晚會、募款餐會、問政說明會、露天電影院之類的。

嫡系部隊

除了樁腳可以動員之外，政治人物也會有直屬自己的動員系統，這些「組織」來自平常所做的選民服務。曾經來找過政治人物幫忙的選民個資，都會有專責助理在電腦中建檔，可以用系統分類處理，你要募款（賣餐券）或找人來參加活動，都可以透過其中的資訊。

像在每年報稅季時，費鴻泰會於里長辦公室進行報稅服務，即便現在報稅已經非常方便，但這種做法仍能掌握到一些在地中老年人。

現任民意代表通常會有一千至五千人的選民服務資料庫，雖然不見得都是選民，但住選區外的人，也可能會有選區內的朋友，所以你都該認真面對。這也是為什麼候選人看到小朋友也會去握手，因為他爹娘有票。

透過長期的人際互動，許多選民會和政治人物建立私人情誼或是一種「虧欠感」，到了需要動員人力以壯聲勢或投票時，才能真正開花結果。

老話一句，平常沒有累積「陰德值」，灑鈔票也沒用的。

第35堂 我可以去應徵總部的工作嗎？

總部人馬可粗分成職工和志工這兩種，職工領錢，志工沒錢。一般競選總部都會有大量的志工，可是志工不好控制，可利用性不高，多數用來摺文宣、掃地、搖旗吶喊，就是「裝忙不用腦」的角色，主要是在充人場。這種你想應徵，一定是很歡迎的。

職工，就是前面提過的那些職位角色，上到競選總幹事、顧問，下到最基層的助理、總機。那這些人是怎麼來的？一個政治外行人，沒有任何關係，能夠進競選總部當職工嗎？

找人的方法

這些職工，都是先找熟的人、信得過的朋友，原則上還是從候選人與幹部的親朋故舊、地方熟人慢慢發展出來。所以你沒人脈關係，在競選期頂多當志工，不太可能深入當職工。

比較有可能聘「陌生人」的時期，是當選進入議會或政府之後，有一些老員工會離開，那時因為沒洩密問題，就會向外開缺。如果你對選舉有興趣，應該那時去應徵民代辦公室的職缺，等大選來臨，就能在總部裡頭了。

可是選到一半，需才孔亟，手邊又沒人呢？

在我們這行，有種人被稱為「蛇頭」，就是人蛇集團首腦，他可以生出大把大把的人力，我們都是透過蛇頭來引介一些即戰力。我就是被蛇頭引介進政治圈的。

蛇頭本人可能沒什麼選舉能力，他的價值完全在於人脈，一旦人脈用光，他就啥都不是。你在外面跑趴，也有「妹頭」這種角色，他生不出妹時就毫無價值了。

用人力銀行去找，也不是不行，但你很難找到熟手，若是熟手，也可能是對手派來的奸細。

人力如此匱乏，有不少總部會用工讀生來墊檔。工讀生是時薪制，他們可以替代大多數的勞力工作，但最大問題是工作時間分散、專業訓練不夠扎實、向心力不足，所以還需要聘人監督，像是監督民調中心有沒有認真打電話，監督外場掃街有沒有乖乖搖旗吶喊等等，不然這些工讀生百分之百會怠工。

還有另外一種管道，是拜託平常就有養兵馬的大咖政治人物借給你。洪秀柱因為自己沒人，就不斷去拜託曾永權或關中。但她拜託了半天，這些大頭好像也沒給她什麼能打的人力。就業界的角度看來，或許代表這些大頭並不是真心支持她。

就算真的從某些山頭請出一批人才，這些人進來後會不會鳩占鵲巢，把原來的人趕走？的確很有可能。某T民代進入L候選人的總部之後，L候選人原本的嫡系人馬就受到一定程度的衝擊，甚至失去實權。

找不到正常人

選舉這種工作，就像是一般業界的「短期專案」，六個月之後就會失業，所以不容易找到人，就算找到，也不容易是個「正常人」。

你只要想想，一個工作能力佳，人品卓越的人，要剛好在選舉期沒工作，可以在你那邊窩六個月，這種機率有多低？因此最後競選總部塞滿的基本上就四種人：候選人的親友、對政治非常熱情的瘋子、不想認真找長期工作的年輕人，還有騙子。

所以，品質不齊是最大的問題，這也就是為何拉人進來一定要找保人，這些推薦者可以用自己的政治人格確保一定的品質。

雖然大家都很努力，但選舉業一直萎縮，留下來的老手越來越少，一做十幾二十年的人已非常罕見。我認識的人中，有95%在十年內都會轉行。

外包當道

大約是二〇〇〇年開始，專職老手越來越少，選舉業界也慢慢以外包方式來解決工作人員經驗不足的問題。有許多競選高手轉行去媒體、設計或公關業界，那我們可能就會從總部發包出去給他們處理文宣、美編、活動之類的業務。他們通常也樂得多賺一筆。

在我初入行時，競選總部裡頭不難看到用蘋果電腦處理工作的「美編」，但現在這種工作都已外包，所以這職缺就消失了。

可以外包的還有「派報」，就是發送文宣。這一類的公司都不小，底下至少有四、五十個耐操的沉悶阿伯。你如果掃街缺人舉旗子，他們也能勝任。

此外還有專業的「總機公司」，就是非常會接電話的人。他們也有類似公會的體系，你如果不清楚怎麼接待十方大德，也可以花點錢請幾位專業的總機。

他們不會洩露口風，管理行政也有一定口碑，特別是超會訂便當。你有訂過，就知道訂便當是天下第一難事。

要建立總部組織，就像是開公司創業一樣，通常是由確定競選總幹事開始，然後是找來各組組長，組長又去生人，一層層的把組織打下來。就算是破百人的總統級、市長級總部，一開始也是五、六個人而已。

對於找人，我建議還是相信專業啦。候選人找來總幹事之後，就把一切交給他，讓他去生兵、管理。如果候選人還是不放心，那就代表你總幹事根本找錯人了。

第36堂 幕僚重要嗎？

過去有「幕客」這個詞，是清朝大官身邊跟著的人，一些清宮劇都會提到這些刀筆師爺。這些幕客會提供政治人物下判斷的必要資訊。

到了現代的臺灣，雖然我們採西方民主制，但還是存在這種養士遺風。政治人物通常會有幾個暗黑的顧問，加上最核心的部屬，構成「競選總部最高會議」的參加成員。俗稱的「幕僚」就是指這些人，不包括那些中層以下的員工。

主要在運作什麼？

幕僚一週會和候選人開一、兩次會，平常則以電話隨時提供建議，是競選總部真正的腦。競選期間，候選人因為太勞累，個人能量已經被操到極限，一般是不使用腦的，而他的幕僚通常也不會讓他用腦，因為可能會做出錯誤的判斷，真正的戰略推敲，判斷議題可不可以做，都是由幕僚決定。

幕僚也會幫忙蒐集資訊，包括各地政經脈絡、地方頭人有什麼弱點，他們都會整理完備，還幫你寫好攻略本。實際執行則交由基層的員工搭配候選人來操作。

在選舉前半段，幕僚負責擬定好所有策略，那選舉後期呢？躺著等選完？當然不是。他們工作的重點從理性的策略面，轉成情緒的策略面，負責安撫候選人的情緒。

選舉到了後期，不論選情樂觀或悲觀，候選人的情緒一定會非常差，因為天天都跑一樣的行程，怎麼可能不倦怠呢？碰到選民罵他兩句，就非常挫折，懷疑自己是否真能達到理想的票數。

很多外行人總拿過去選舉得票估算，然後說柯文哲會拿到多少票、連勝文一定拿到多少票。但越專業的人，越沒把握會開出多少票，因為選舉變數太多了，一想到這種變數只會越來越多，沒憂鬱症病史的人也會馬上發病。

所以選到後面，幕僚的工作通常都是在安慰或欺騙候選人，讓他有動力選下去。我們稱這個叫「心靈的ＣＰＲ」，因為不這樣做，候選人可能馬上就躺在地上掛了。

抓出這些人

你一定會很好奇某些政治人物的祕密幕僚到底有誰，我可以告訴你幾個找到他們的方法。首先是活動現場，這些神祕人當然不會上臺，他們通常在會場的出入口附近觀察狀況。你看那種一直不進去，但又在那來來回回好一段時間的，可能就是核心幕僚。

還有就是每天總部的「晚報」（大約是晚上十點後），這時往往就是神祕人安慰候選人的時候了（這樣候選人明早才能醒來再戰，或者說明早才能醒來）。所以你可以在他們開會地點外（辦公室外）等著看是誰和候選人有說有笑的走出來。

這些人的費用可不便宜，通常坐個一、兩小時就能領到一、兩萬元，但他們就是值這些錢。他們能提供足夠的資訊以避免人力的浪費和策略的錯誤，又能讓候選人活下去，根本就是天使。

第37堂 候選人每天的行程怎麼走？

候選人的每日行程就是一場地獄苦行。

選到最後，候選人有可能不想起床，因為一起床就是無止境的刀山油鍋。由於行程太多，是以你總是會在很多地方看到候選人，甚至會覺得他好像分身。

候選人的確可能有分身，以前周錫瑋就有雙胞胎兄弟幫忙跑，親人朋友代跑的也是一大堆。但如果你沒被關，沒生病、懷孕，那不管怎樣，都一定要出來跑，分身只是開副本而已。

所以，候選人的一天，包括哪些精彩的內容呢？

早上

早上四點半起床，馬上去公園或登山口。幹嘛？早上五點公園裡跳舞、做運動的人都去握個手嘍。

早上六點，前往集貨市場，像水果、花卉、肉品、漁業批發市場去進行掃街握手。這時間也會有很多婆婆媽媽出去旅遊的遊覽車，這種宮廟活動或里民出去玩的旅行團，候選人也都要去送行，有時一個早上就會送到六、七車以上。

為什麼要送這些車？因為這通常都是里長或宮廟等地方頭人辦的，去揮個手給一箱水，不算賄選，又可以跟大家混熟、裝熟。

早上七點到九點是上班時間，就去街頭站著敬禮、揮手。這大概是臺灣在二十年前興起的選舉手法，到目前為止，幾乎所有政治人物都以這個活動為主。很多人會懷疑只是敬禮、揮手，到底有什麼用？但這是種誠意的表現，你持續一直站，絕對比不去站要好。如果大家都站，就你不站，你可能會被誤以為退選了。

九點到十一點要去繞早市，這個時段是婆婆媽媽到市場買菜的高峰期。

午間

十一點到下午一點，沒事的話就去飲食店街拜訪，有攤就跑攤，「攤」就是結婚喜慶這種「紅場」。

下午一點到三點是「白場」，就是去殯儀館敬禮、點香。因為這時候是午睡時間，不適合拜訪活人，所以只能拜訪死人。

下午三點到五點，改去黃昏市場，還有去見一些地方頭人、里長伯之類的（這時應該睡醒了），開始進行下午場的泡茶活動。這時去拉近感情，或是去公司行號募款，都是比較容易成功的。

傍晚五點到七點，又到了下班通勤時段，自然要去街頭敬禮揮揮手。因為也是晚餐時間，不見得會揮手到底，有些人大概六點之後就會轉到晚間吃飯的攤，這可能會一直串到下一個時段，也就是七點到九點。

晚場

晚間七點到九點，通常是闔家看新聞、連續劇的時段，大多數人都在家，所以會開始街訪，進行晚間的沿街拜票。在大臺北地區，這個時段也是收垃圾的時間，許多候選人也會去追著垃圾車跑。因為大家都會出來倒垃圾，又會有一批人潮，而且保證是在地的選民。

九點之後會去夜市，這時候會碰到與白天街訪不同的另一批選民（通常較年輕）。掃到多晚，就是看人潮。

到了晚上十點，回競選總部開「晚報」，一般不會超過半小時，因為大家都累了。開完後，就會送候選人回家，但這不代表總部打烊了。

這之後還會有所謂的「晚班」人馬要出去，包括去修復倒下來的旗幟、塞信箱文宣，還有很多晚上活動（吊裝大廣告）。所以競選總部幾乎是二十四小時在運作，這也是總幹事之所以領高薪的原因，因為他是二十四小時On call。

前後期的差別

以上是一天的行程，但選舉前後期還有一些行程安排上的差別。

選前六個月，候選人的行程重點是拜訪地方頭人，不管會不會支持，先去跟他混熟，總是有一些好處。通常頭人都會有選情八卦，因為每個候選人都會去找他。

選前三個月，頭人都已經「處理」得差不多了，就是路邊敬禮的高峰期。除了街頭，現在也有候選人去捷運站外面揮手。像是臺北捷運市政府這樣的大站，一個出口就可能有兩個候選人在搶人。

選前一個月，敬禮還是會持續，這時候還會外加大量的掃街活動。

掃街有兩種，一個是坐在車上繞選區，這是比較後期的方式，最後十四天比較適合，這會辦得熱熱鬧鬧，有時候會找來大鼓車隊、沿街放鞭炮製造聲勢。

還有另外一種是街訪，一整條巷子，每一戶、每一樓都按電鈴。里長選舉一定會做到這種程度，但市議員不見得有這種腿力，我認識的女議員就比較傾向去掃一般店面。

還有一種融合以上兩種的掃街方式：車隊在前面慢慢開，候選人用跑的跟在車子後面，沿街對路人揮手，製造一種很努力、很拚命的形象。但這招出來之後，其他候選人紛紛慘叫。不跟風，怕被選民罵說不認真；真的跑，怕會選到死掉。據說這招的發明人後來跑到住院。

最後一個月有很多造勢晚會，所以晚間活動一定會有所調整。這種晚會不但自己要去，也要動員自己的人馬去熱鬧一下。

隨著時代改變，電子媒體興盛，現在也有很多候選人會安排去錄政論節目，效果也不錯，值得犧牲普通的掃街行程。甚至有些候選人根本是靠政論節目選上的。

第38堂 候選人猛跑行程，真的有用嗎？

雖然大家都被拜票的政治人物煩到想翻臉，但其實很少候選人喜歡拜票、掃街、握手、上臺講話、紅白場敬禮。他們自己同樣覺得很煩、很累，能不做最好不做。

也有很多學者和知識分子瞧不起這種選舉活動，認為是政治文化中最惡劣的現象之一，應該想辦法廢除。

既然大家都不喜歡，為什麼這些選法卻如此普遍呢？

存在的理由

前面提過，選舉是演化出來的結果，這些選舉花招也是演化出來的結果。之所以能經過時代的淘洗而保存下來，一定有它的理由。雖然這些理由可能不道德。

就我個人的看法，這些活動固然「社會觀感不佳」，但還是可能在個人方面獲得一些肯定。其之所以「有票」的原因應該如下：

第一，見面三分情。

大多數人都是透過媒體看到政治人物，所以如果能接觸本人，感覺會差很多。即使是小牌的政治人物，都經常碰到百姓說：「啊！原來你沒有修圖呀！」、「本人看來比較瘦耶！」，若是大牌政治人物出去晃，引起的情感反應會更強。

第二，如果你有很多競爭對手，你不去那些場合，別人卻去了，這時你就麻煩了。

十個候選人，就你沒來，來的人不見得有票，但你沒來，鐵定是沒票的。又像婚喪喜慶紅白場，候選人沒有到，至少那些掛聯（被稱為「中堂」或「鏡屏」）、花圈要到。吃飽閒著的人會去算誰沒有送來，之後就講閒話，所以基本款還是要做。

第三個原因，是如果你非常小牌，又沒辦法買廣告，也上不了媒體，那就真的只能本尊出去到處當吉祥物了。婚喪喜慶的場合能集中許多在地人士，就代表有很多選民，去那就像掃市場一樣，桌桌敬酒，多少有點效果。如果能獲得主婚人、主禮者的現場舉手支持，更是「賺到」。

不過，如果你本來存在感就很強，或是太過強調這些掃街亮相活動，也會有反效果。代表性的例子就是北市議員厲耿桂芳，她雖然是以在議會唱黃梅調而為全國民眾認識，不過早在她第一次參選時，就因為黏馬英九黏太緊，而被誤以為是馬太太。甚至連馬總部對她都有一點「賣送」。

選舉實在感

掃街可以建構選民心中的候選人的「存在感」，候選人也會接觸到基層民意，所以不只對於提升選情有幫助，另一方面也可以幫助候選人培養「選舉實在感」。

候選人會對政治有些想像，其中某些是不切實際的，但透過掃街，民眾會談到真正的需求，候選人跑久了就會發現「那些」才是真正應該關心的事。直接接觸民意雖然仍可能有抽樣偏誤，但跑得夠多，這種偏誤就會越小。

就負面角度來說，掃街可能碰到拒絕握手、丟你東西、紅白場不讓你進去等等的困境，但候選人也可以透過練習處理這些負面回應，來提升應對能力。候選人都該學會和「不喜歡你」的選民互動，並且爭取他們的支持。

我聽過許多沒地盤的候選人，都是找個地方拚命的跑、跑、跑，跑多了，那地盤就真變成他的。臺北市有個很大的市場叫環南市場，某位議員候選人本來不屬於這區，根本沒人認識他，其政黨屬性在當地也不受歡迎，但他就是天天往那邊去，每天都把所有的攤商都握過一次，不給他握的就在攤位前敬禮大聲問好。就這樣搞了幾個月，那市場就被他吃下來了。

所以你有在跑，就不會與選舉脫節，可以具體感受到民意脈動。很多候選人會覺得只要做做議題、上上電視就完成選舉，這樣的風險非常大，可能外面聲勢在掉，本人卻沒有感受。因此候選人還是應該儘量斜背個名條，穿件背心，四處晃晃，以保持選舉實在感。

講這麼多優點，那掃街跑場子有沒有缺點呢？有。

首先，經驗不足的候選人很容易錯估自己的支持度。因為任何場子中，會回應的多半是自己的支持者，他們會和候選人聊很久，這容易讓候選人誤以為自己支持者很多。

此外，如果你是很大咖的候選人，掃得太細，會出現「機會成本很高」，但效益很低的狀況。我曾聽過總統候選人去鄉村掃街，掃了半小時只看到兩個人三隻狗，還有蔡英文在二〇一四年九合一大選，甚至還掃到八米以下的巷道（兩邊停車後，中間只能勉強過一輛汽車，通常是靜巷）。

這種狀況應該透過事前規劃來避免，因為你永遠都可以找到更重要的地方去拜票。

第39堂 跑外場行程有什麼注意事項呢？

這就可以談一個很重要的概念——我們業界從物理學引來的行話——「功原則」。

一個人每天擁有的體力和時間都是固定的，你只能做一定量的事，只能移動有限的距離，只能講那麼多話，握那麼多手。這是科學，不可能早上拜拜求天公讓你握到一百萬隻手，到晚上就真能握到那麼多。

所以在行程規劃上不應超出科學的合理限制，你只能依照人類的合理產能去安排。不僅是候選人，競選總部的人力調度也都應該依科學原理來調整。

先提升總能量

如果你只有十個人，那就只做十個人能做得到的事。候選人的體力與時間要計算得非常精準（像是他超過什麼程度就會功率下降、會當機），不能每個活動都貪心想去，這很容易讓候選人生病或受傷，沒辦法繼續進行之後的行程。

所以我通常會建議有意參選的人，先去慢跑或健身，提升自己的「總能量」。因為沒在運動的候選人通常無法因應激烈的選戰需求，輕則暴瘦，重則住院。

體能投資學

我們會依候選人的體力，把他的時間盡可能塞滿。他如果沒力走，就排比較能坐的場子。依照過去的經驗，選舉後期通常都不排紅白場，因為在激戰狀態中，紅白場的選民相對少（有時外地人較多），而市場拜票、馬路掃街可以碰到的選民比較多。

在掃街的安排上，也有一些小撇步可以注意。首先，為了不擾民，適合掃街的時段極為有限。會塞車的時間不能去，人家睡覺時不能去，扣來扣去，大概只有晚上七點到九點及上午十點到下午一點比較適合。晚上會去住宅區比較多的地方（因為回家了），上午到中午則是前進老社區（因為都是在家工作）。

特別該注意的是，掃市場時不要帶太多人，三、五個就算多了，人多可能會影響攤商的生意。如果可能的話，就買一點東西，藉機停下來聊一下。不見得是候選人自己去買，也可以由助理買一下意思意思。

外場活動重點在裝熟，即使是完全不認識（或是一時想不起來是誰）的選民也要熱情回應，否則會有反效果。

一般掃街時，我們也會安排黑白臉。黑臉負責拉候選人前進，以免他被熱情的支持者困住，白臉則會留下來安撫支持者，讓支持者感覺候選人很重視他，就算無法留下來也派個人來「交關」一下。

就算現在已經是網路時代，人與人接觸多半透過網路媒介，但能看到「政治人物本尊」，還是會有特殊的心理效果。這就是我們常對候選人說的：「對你而言，這個選民只是你今天握到幾千人中的一個，但對他來說，你就是唯一一個。」所以直到今天，候選人的外場行程仍占了80%以上。

握手學

一樣是那句：「對候選人而言，這次的握手，只是數萬次握手之一，但對握到的人來說，很有可能就是唯一的一次。」所以每一次的握手、點頭都非常重要。

我們會把候選人訓練到「就算失去意識」，他的點頭和握手都還能保持一定的水準。如果真的練到出神入化的程度，光憑握手就可能超越政見落差與政黨顏色的障礙。

「握手」有很多技巧，從出手的角度、握的時間、力度，是否要兩手同握，還有放開的時機等等都要注意。如果真的抓不到訣竅，一般的建議是，不管對方是怎樣的人，都要握實，握的很滿，兩人手之中沒有空隙。倘若一邊講話，就要用兩手去握。

掃街時，如果店家願意握，那每一個人都要握到，不論老闆還是員工都不能漏掉，但如果是客人或路人，問安就可以，以免打擾到人家做生意。因為有些店家或客人政治傾向明顯，硬握可能會引發負面觀感，或影響消費意願，這樣就反效果了。

講個小祕技。去握坐在輪椅的老人或身型較矮的小孩時，一定要蹲下來，不要彎腰，因為彎腰的話，從對方看過去的角度感覺會非常差，拍照起來效果也很不好。

鞠躬學

在白場（喪禮）或是一些嚴肅的場合，需要「鞠躬」。

某些老社區，因為受到日本文化的影響，有些候選人會做九十度鞠躬，但這角度太大了，非常傷身體，根本「鞠」不了幾次，我個人是不建議這麼假掰。還有些人會採四十五度鞠躬，但在臺灣社會，這和九十度一樣，都是道歉的大禮，反而顯得有點不太親近。所以如果不是對亡者，一般建議是三十度鞠躬，微微傾身即可。

有極少數的民代到了白場，不論和對方熟不熟，都會採取「跪拜」、「慟哭」形式，這雖然有效，但太誇張了，恥力不夠的候選人，我建議還是三十度鞠躬，表情哀戚即可，連眼淚都別硬擠。

鞠躬雖常見於白場，但民眾在選舉期間碰上，通常是在進行敬禮揮手的路口，有時還可以看到好幾組候選人，你如果等紅燈無聊，不妨可以比較他們敬禮的角度：有些候選人在細節的拿捏上很到位，硬比同路口的其他候選人多個五度、十度。這種工匠職人的細膩心思，值得你對他比讚鼓勵，至於要不要投他，就再說了。

微笑學

除了握手與敬禮動作之外，微笑也很重要，我們通常希望候選人對鏡子練習微笑，吃飽閒著就練，練到它在自然的無腦狀況下，看起來就是微笑的嘴形，在合照時，也不用特別撐出笑容。

但到底什麼樣的微笑可以接受呢？有些前輩認為是透過鏡頭看很上相才行，但我個人認為看起來不討厭就可以了。要注意的小撇步，是不能和公關照片差太多，以免人家碰到候選人本人時會覺得「怎麼差這麼多」、「廣告都是裝的」。

所以通常都是等到候選人練成微笑神功之後，才拍定裝照。

揮手學

「揮手」不難，但建議要加上「大聲問好」，不然誰知道你是在揮啥小；如果人家注意到你，就立刻「抱拳回禮」。

因為揮手表示距離比較遠，沒辦法握手才揮手，所以店家如果不願意握手的話，你就立刻轉換為在外揮手致意。揮手也是要對著鏡子練的，動作要明確，完全面向對方，連上臂也要擺動，這樣才有視覺效果。

點頭學

最後面是「點頭」，這個就是最爛的招了，只能用在全身都沒辦法動，被困在人群中時。原則上儘量不對陌生選民使用，因為點頭是表示熟悉的認同與識別感，不是用來拉票的，對樁腳可以這樣做，但對不特定的民眾就不適合。

上述都是肢體語言，但「口語」更重要。因為臺灣族群越來越多元，為了貼近這些人，不只是傳統的國語、臺語、客語，偏鄉地區也開始出現用越南語、印尼語從事競選活動的候選人，所以我們會要求候選人多學會幾種語言的問候詞，同樣也是練到不用想，就可以自然脫口而出的狀態。多學幾種，絕對是有利無弊。

第40堂 選後真的都有政治酬庸嗎？

在選前約定選後職位，對於大格局的選舉非常重要，你要凝聚樁腳、拉攏政治勢力，不「放飯」是很難做到的。如果這些人的「能力程度」能夠勝任政務官，可能就安排他們當一些公營事業的董事。

這類「暗黑的事」，通常早在總部成立之前就已經談妥，很多人是談到「確定」之後才敢選，或是確定「分好」之後才推一個候選人。所謂的「搓圓仔」，很多人以為靠的是錢，但實際上錢灑出去不一定能確保他們的支持（拿了錢可以擺爛呀），大多數都是約定選上後再來分配某些職位。

選舉團隊

另一種常獲得政治酬庸的人就是競選幹部，像柯文哲也以市府職位酬庸了不少選舉幹部。

選舉團隊是否可能為執政團隊，一直有爭議，但如果選舉執政完全是兩個團隊，那也很奇怪，這樣等於政治人物和他的幕僚必須重新適應彼此一次。

有些人擅長選舉，不擅長執政，從道德上來看，這種人在選後就應該退出，而選舉團隊中也會執政的人，一直做下去也無妨。通常很少有總部的人會百分之百進入政府當機要、閣員，或是進入議會當助理，超過八成都會選擇離開或被裁員。

有時就算老闆想給位子，也不是人人想要。一個政治人物再怎麼偉大，當他是你老闆的時候，你可能心中對他只有「幹」而已，因此很多人會透過選舉結束的時機，名正言順的跑掉。

因為執政不容易，你不見得有屁股去坐那位子，所以繼續留下來的人也會隨著時間變得越來越少，等到下次選舉開始時，可能一個都不剩了。我就看過某政治人物的競選總部在四年之後是兩群完全不同的人。

分好處

雖然分位子是主流，但也有用錢來解決的狀況，只是沒那麼直接。當選後，政府單位會有些往外發包的活動，就可能交由「這些人」來承包。

還有一種是「府外酬庸」，就是透過政府的影響力，讓「這些人」在民營企業拿到一些職位，進入民營企業擔任公關角色跟政府打交道，「當門神」。表面上是離開政府團隊，實際是運用舊有的人脈關係謀取個人好處，並解決企業問題。

但酬庸也可能壞事。柯文哲的選舉團隊入閣後，就替他帶來一堆麻煩（悠遊卡事件、關說事件），鬧到他自己都「倦勤」。還有，某人在選臺北市長時，於選舉後期就有吸納人才的困難，因為該陣營前期有候選人「兄弟」等一幫人馬，他們在選舉前就把選後職位分得差不多，這使得後期進去的人被要求不能爭取職位，因此納入的人才相對有限，最後當然也一敗塗地。

政治酬庸這四個字，乍看之下在道德上似乎是錯的，但換角度來說，任用一些自己信任的人才，倒也無可厚非，因為候選人的團隊還是要與自己比較合得來的人，如果拉一些自己不熟的人，貿然的組成團隊，說不定風險更大。

就算候選人沒有想要政治酬庸，但選完後，原來的這批員工要靠什麼吃飯，我個人認為還是該「妥善處理」，並且在投入選舉之前，就先想清楚，講清楚。這樣的選舉才能開開心心出門，平平安安回家。

第41堂 到底要怎麼賄選？

整體而言，賄選就是候選人給某些財物，約定你要投他或支持他，或是約定當選之後會給你一些好處（期約賄選）。

送東西是否算賄選，一般認定是前法務部長陳定南訂下的「三十元」，所以現在候選人發放的各類贈品，其成本都壓到三十元以下。

但就算超過三十元，是否能達成賄選實效，也蠻令人質疑，因為三十一元的東西也很難促使人家去投你一票。因此這是相對嚴苛的標準，等於是賄選與非賄選「全都殺」，不會漏掉任何的賄選者。

走路工

有一個名詞叫「走路工」，意思就是花錢請你來我的活動（網路鄉民說的下去領五百），或是用錢包車載你去投票。這也是賄選，而且蠻容易抓的。這種走路工的價碼，據我所知還真的是五百，但也有地方到一、兩千的。

值得一提的是，走路工的錢在「賄選實務」上，和真正的賄選金是分開的，我拿你五百走路工，只代表我願意走這一趟，不代表我會投你；要投你，還要再加一筆錢。所以會有走路工五百，賄選一千五的價碼差別。

另外也有「茶水費」，就是「誤餐費」的概念，這是搭配走路工一起發的，你若來參加造勢活動等等的活動，就可以領到。這當然會比真正的餐費多一大截，也會給到五百、一千的水準。「誤餐費」在法律認定上也是賄選。

榮景不再

過去在臺灣賄選的確很盛行，可是隨著政治環境改變，賄選難度急遽增加，我認為在二〇一〇年之後，賄選已經很難影響大選的格局。

真有這麼樂觀嗎？

以前賄選（也不是多久以前，約二十年前），不但明目張膽（去你家發，或是你可以去樁腳家索賄），而且大規模（發錢的「多層次傳銷」系統到上千人），但現在通常都是偷偷摸摸，只有幾十人涉案。

許多候選人一直強調自己是被賄選打敗。如果咬得很近，賄選的確會有一定的影響，但我個人認為「被賄選打敗」通常只是推託責任之詞，你會輸，主要是因為你努力不夠。

賄選現在能「帶」出一、兩千票就很厲害了，而這種票數大概是鄉鎮市民代表等級才能當選。

至於，賄選之所以會消失或弱化，除了檢方查緝、採證軟硬體普及、選民素質提升，還有檢舉機制健全之外，最重要的就是「基層組織消失」這個重要的元素。

賄選的系統

現在的候選人很難去豢養一個龐大的基層組織來幫忙賄選，因為文宣戰的效果好很多，組織部門能獲得的資源就相對減少。

目前只剩下少數中南部地區擁有相對完整的賄選體系，但每個區塊可能不會超過萬人，而且用來確保投票意向的「抄名單」方式，更是只剩下幾百人的規模。

所謂「抄名單」，就是樁腳會抄人頭名冊，依此去領一定的錢，並保證會在某某地點開多少票給候選人。因為樁腳有保證，就會有內控力，但隨著人口遷徒，整體環境形勢、人文地貌改變，現在這些組織規模都不大了。

其他大多數地區，就算你準備好現金要灑，錢也發不出去。你如果不信，就自己試著想一下：你要如何把手中一千萬現鈔，發放給一萬個人，而且還不能在任何一個環節出現「廖杯阿」，或被檢察官監控到？

首先，你可能要先找來十個值得信賴的人，一人發一百萬，接著，這十個人中的每一個都要再找十個人去發，如此層層往下。你一算就知道，這代表你要有「一千個」以上的賄選樁腳，才能發給一萬個受賄者。

哪來這麼多可以信賴又不會露口風的人呀！

而且發下去也不見得有票。此外，有人會把錢吃掉，你就必須建立一套監管系統，這又要一批人。更何況發錢貴神速，離選舉越近越好，所以你在選前的一、兩天內，就要讓最基層的一萬人都拿到錢，而這些人可能要上班、做生意、出去玩，你要如何確保能在投票前完事呢？

不管你懂不懂賄選或政治，只要有實際行政管理經驗的人，就會知道這有多難。因此雖然很多賄選研究者不斷強調賄選的影響力與規模，我認為他們想藉此強調自己研究重要性的成分可能還大一點。

二十年前，賄選之所以盛行，是因為司法機關不會抓，又有黑道介入掌控

（負責監察發放）。反觀現在，通常都是幾十人的「請吃飯」、幾車的「走路工」，要像當年簡直是「動員勘亂」、全面投入的狀況相比，真的是差太多了。

面額的限制

賄選還有一種技術上的困難，也是牽涉到科學上的限制。

賄選大部分是賄五百、一千，不太可能有零碎的價碼。以前在某農業縣曾有人賄七百元，被大家罵死了，因為你也不可能拿一千，要人家找三百吧！所以就只好換大量小鈔，然後靠人力搭成七百。這當然是失敗中的失敗，直到現在都還是鄉里的笑談。

相對來講，這也體現出賄選的「數字」非常固定，是一張或兩張鈔票能解決的範圍。你每增加一張紙（就等於至少加五百），成本就會大幅上升（賄五百變一千，直接加一倍），在這樣的狀況下，若大家都賄選，很容易出現「競價」之後價格一致的現象（大家都灑一千或兩千），反而彼此抵銷，失去作用，那這場選舉最後還是要靠人情決勝負。

只要這種狀況出現太多次，「老闆」看不出賄選的效果，就不想投資了。

反擊賄選

還有一種大絕招，可以把對方賄選的成果打到幾乎完全失效。若某甲在一個村落灑下一千五，他的對手某乙就會在當地放出耳語，說某甲撒了一票兩千五，某乙追不上，所以不灑了。

那原先拿到某甲錢的人，就會不滿，說為什麼外面傳兩千五，我只有拿到一千五，就會去找樁腳麻煩，也連帶影響到投票意願。某甲花了大錢卻惹來一身腥，某乙啥都沒幹，只是放個話，就可以撈到肚爛票了。

錢很難灑出去，但耳語可以到處傳，你會選哪一個呢？

就我對「發生以上狀況」地區的觀察，只有幾十戶的小村落，其賄選價碼都可以在三天內傳到十公里外的主要市鎮中，因此這種耳語傳播效果的殺傷力，將遠大於實質賄選的意義。

此外，這種耳語也可能造成賄選研究者的誤判。有些人會覺得鄉下賄選嚴重，到處都是風聲，人人言之鑿鑿，檢調為何抓不出來，是否查察不力？其實那多半是謠言，真實的狀況，可能只有十之一、二。

現在沒啥賄選？

當然，講了那麼多「賄選的慘況」，並不是說現在就沒有賄選，現在還是有，但比較小規模。最近幾年抓到的，都是我前面提過的餐會形式，人數都是幾十人，真正系統性發錢的已經很少見。

不過個體戶發錢的還是有，至少到二〇一五年，我都聽到鄉村地區還有「投票所前」的賄選。有些樁腳會在投票所前等，選民到場後，也會故意找樁腳，在那嚷嚷說自己還不確定要投誰，樁腳就會把他帶到陰暗處，一邊告知號碼一邊給錢。

雖然投票所前有警察在那邊盯著，但通常不會移動，所以樁腳把人帶開就可以完成賄選，相對比去家戶賄選來得「安全」（這些樁腳認識這些故意裝白痴的選民）。

這代表賄選只會在比較小型且封閉的人際環境中運作，以下是幾種公認較會發生賄選的群體：

第一種是原住民村落與傳統農村聚落。因為他們生活環境相對封閉，人際關係比較緊密，也不太「鳥」外面的司法系統，因此較容易進行賄選，但不見得是直接灑錢，通常是請吃飯、送禮品。

第二種是家族勢力鞏固的地區。只要控制族長，就能控制這家族的選票流向。因此在地型的候選人就會花很多「心力」來經營族長這條線。

還有一種算是常見的賄選環境，就是農會、漁會、水利會等地方農政組織的選舉。因為有投票權的人較少，所以賄選價格也比較高，在以前甚至可以買到一票三萬。這些組織和政治有關係，但並非真正的政府選舉，因此很多人聽到的賄選嚴重風聲，是將農會選舉和真正的選舉混淆了。

第42堂 造勢晚會、選前之夜到底有沒有用？

選舉的重頭戲、高潮，就是造勢晚會，除此之外，候選人也可能舉辦小型的晚會活動，這些活動如果完全沒用，就不會有人辦了。我們先來談舉辦這種活動的「眉角」。

成本

首先是成本，民代候選人的小型場，像封街辦「競選總部成立大會」之類的，雖然只來幾百人，成本也要十幾二十萬；大一點的晚會，像市長候選人的「地區問政說明會」，通常會有幾千到近萬人，就算跟學校租借場地以壓低成本，也要幾十萬到上百萬；到總統等級，一場十萬人的那種，整體成本有時高達數百萬，但那很可能是被「吃錢」了。大概一、二百萬，就能辦個很體面的造勢晚會。

花那麼多錢辦造勢晚會，主要是因為臺灣的選舉習俗「就是一定要辦」，如果不辦會「很奇怪」，近年的主要候選人中，敢不辦的只有柯文哲。他採用新方式，辦得像是遊街嘉年華。

傳統的造勢晚會除了熱鬧之外，也有風險，像是現場的逃生問題、選民之間會不會起衝突、聲光效果的安全性、飲食衛生設備的提供、人員的進出流動等等，都考驗著候選人的行政、管理能力。如果辦得非常成功，就算選民沒來，在家看電視也能提升士氣。

有史以來最多人參加的造勢晚會，應該是陳水扁選市長時創下的二十七萬人紀錄，地點在舊中山足球場，就是現在的花博場地。後來因為電視開始轉播造勢晚會，許多人在家裡看轉播，加上造勢晚會越來越多，分散動員能量，因此都只剩下十萬人的規模。

陳水扁之所以可以創造這個紀錄，是因為當天只有他一場，而且是全臺動員而來。

動員

其實不論藍綠，都要全面動員，晚會場子才會熱，但國民黨動員的比例是高到有點誇張，有時可能高到九成以上。要找「自發參加的選民超過一半」的國民黨晚會，大概要找到上個世紀去了。

「動員」就像吸毒一樣，一旦開始動員，之後就會越依賴動員。而這些動員來充場面的人要求很多，要吃、要喝、要用，成本非常高，但產出非常低，只能塑造出假象。我通常會建議候選人，若真的沒人支持，那就不要辦活動，因為沒有名氣，動員來也很難看，現場反應很冷。

晚會分類

常見的造勢晚會有三種類型，第一種是「開幕式」，包括競選總部成立大會以及各區服務處成立，是展示樁腳的場合，大家會把所有收集到的人脈都弄上來，因此可以從這判斷候選人有沒有競爭力。

第二種是「地區場」，是在各地區的問政說明會或小型造勢晚會，除了展示與當地政客關係，也會在這些場合丟一些地方政見出來。

第三種就是「大晚會」，重點就是選前之夜，也有人為了「吉祥」而稱為「勝選之夜」。以前甚至選前三天都要辦造勢晚會，慢慢把氣氛拉起來。選前之夜要在法規限制的十點前結束。

選前之夜的關鍵是政治人物的談話，這往往會影響選票的流動，最具代表性就是二〇一二年李登輝在蔡英文的場子演講，因為李登輝在現場誠懇請求年輕人接棒，成功帶動台聯選票，讓台聯在那次選舉中拿到三席不分區。

其次是蘇貞昌選臺北縣長時，或許是前一任的尤清做不太好，選情不穩。頗有人望但因病棄選的盧修一，在蘇貞昌的選前之夜上，突然下跪拜託選民把票投給蘇貞昌。選民知道當時盧修一因病已來日無多，因此大量倒票給蘇貞昌，蘇貞昌才順利當選。

其他像是二〇一〇年直轄市長選舉時，連勝文在選前造勢晚會中槍，也對選舉有一定程度的影響。是以雖然造勢晚會的規模越來越小，但其對於選舉的重要地位，可能短期內不會改變。

第43堂 「催票」都是怎樣運作的？

選前催票是個漫長的過程，是投票行動的「暖身」，讓選民想動起來。我們通常會在投票前一個月開始營造氣勢，包括透過一切管道宣傳「搶救」，利用媒體去塑造選情越來越緊繃的效果（好像雙方票數很接近），誘騙選民「你就是跨過關鍵的那一票」。

這當然是欺騙，雖不到「善意的謊言」，不過是「必要的欺騙」，讓選民相信自己一票很重要。即使所有人冷靜想想，就知道一票根本不可能重要，但你就是不能讓大家冷靜，一冷靜就完了。

催票的具體操作手法有很多，下面就來談談到底如何運作。

常用招數

第一招是買「電話語音拜票」，就是你接起來就會聽到：「我是游錫堃……」

你雖然會馬上掛掉，但重點是「我是游錫堃」這幾個字，這就夠提醒你投票或民調日快要到了。

第二招是把廣宣全改成「搶救版」，掛黑旗、上紅字，塑造緊張感。只要一個人進入搶救狀態，所有候選人就都會把文宣改成搶救。不主打搶救的話，選民就會覺得你很安全，把票移去救別人。

所以就算選情很穩，也要強調自己很危險，求大家不要分票。依個人經驗，其實第一個喊搶救的人效果不見得好，而是「喊最大聲」的才有用，所以許多候選人會把資源壓到最後才全放出來，就有「大爆炸」的震撼效果。

不過也不能太晚出手，以免這些資訊沒辦法傳到選民的眼耳中。約莫抓在投票兩週前，把文宣、旗幟、看板改成「搶救版」是最適合的。

第三招是開始宣傳配票，政黨常在可多人當選的「複數選區」採取這形式。配票方式千奇百怪。民進黨過去有「四季紅」配票，就是以出生季節配，你出生在一到三月就投某個人；或是「尾數配票」，就是依身分證字號末一碼或末兩碼去投。

國民黨比較擅長「區域配票」，某幾個村里組成「責任區」，專門負責投某一個人；又或是「黨部配票」，像國民黨過去有很多功能黨部，劉中興黨部就是退休警察與現役警察，黃復興黨部是退役軍人與現役軍人的黨部，這些黨部會支持單一候選人，但近年這些黨部式微，票數越來越少，影響力也越來越小。

只要發動配票令，有政黨認同屬性的選民就會認真思考投票策略，自然就有催票的效果。

第四招是調高候選人亮相的頻率。重點票倉開始時一個月去掃一次，選前一個月，就一週去一次；到選前一週變成天天去，讓選民覺得你好像越來越常看到，他們就知道選舉快到了。

除了「實體接觸」，這時也要不斷上媒體，談話和新聞的內容強度要越來越高，到最後一週最好打出驚天大砲，把聲勢帶起來。但也不能離投票太近，要讓新聞有發酵期，所以至少要四到五天前就出手。

第五招是與對立候選人談好，請他來引發一些選舉上的衝突，像去對方總部下戰書、下戰帖、斬雞頭、發誓，這類的活動通常也可帶起一些聲勢。

第六招則是近年常見的哀兵之計。例如生病受傷、家人受到威脅下跪，但是跪久了效果也會變差，以前一跪就有票，現在全家人跪在地上打滾也不見得有用。

其他爛招

這十幾年來，還有找年幼子女出來哭訴，說如果爸媽沒當選，就會被關，他們就沒人養了之類的。剛有候選人訴求這一點時，的確是有效的，但最近搞這招的好像都落選了，因為哭太久、太常哭，沒拿捏好分寸，民眾聽了會不太開心。悲情選法是兩面刃，很可能產生負面效果。

此外還有開槍、中彈、被黑道威脅，以及候選人「不見」，被綁架之類，這些鳥事在鄉下基層選舉也蠻常看到的，是「沒有梗時，硬要生梗」的老招。效果呢？隨便想也知道效果不大。

還有一個催票的方法，就是談棄保。棄誰保誰，通常是選舉最末期的賤招，如果硬玩棄保，可能會被黨紀懲處（因為棄保通常都是棄同黨或同顏色的）。所以最好採取其他的方式，實在沒辦法，再冒著被懲處的風險喊棄保嘍。

不過棄保也不是喊喊就能生效，你可能要在選前一、兩天突然打個很難澄清的案件，讓對手根本沒辦法做反應，或是推出假民調。臺灣在過去沒有民調發布限制的時代，還能操作選前假民調，隨著民調限制越來越嚴格（選前十天不能發布），假民調影響效果也越來越小。

當然，最原始的催票方法就是家戶催票，這就只能在投票日當天才能搞了。

在投票所監督的工作人員，若發現有某一區塊的人投票率較低（名冊上蓋印的很少），就會去挨家挨戶敲門。這種事在都市都有人做，更別說是鄉下，有很多「走路工」就是在此時發的。

直到現在，鄉下仍有很多人會拖到三點都還不出門投票，就是等人來敲門。

第44堂 有監票就真的不會有做票嗎？

監票有兩種，一種是有合法登記的監票員，另一種就是普通百姓閒著去開票現場監看。合法的監票員可以對開票過程提出異議並決定爭議票的效力。本來這個角色是沒什麼人重視的，但柯文哲卻將之搞得很大、很成功。

監票員的作用

設監票員的目的並不只是要抓「做票」，也不只是有效票認定，而是運用監票人員建立基層組織，這也是柯文哲發展這組織的原因。

以臺北市的規模來看，這可以綁住不少票（加上家屬親友約一萬票），而且這些人通常是非原有政治人脈系統的人。你讓他們對選舉有參與感，就能產生一定的放大效果，「我是柯文哲的監票員哦」這樣的個人閒談，就是一種宣傳。

除了有動員力，監票部隊還有搜集資訊的能力，特別是真實的開票狀況。

電視新聞的開票，其實多數都是造假，只是照一定的數學公式把掌握到的票數去放大，所以到最後常出現一些莫名其妙的破錶票數，看這種開票，完全是看熱鬧，看爽的。

如果你自己有監票部隊，那他們所回傳的數據就會早於任何開票、媒體與電視。過去是一些組織實力非常強大的地方政客才有辦法掌握每個投票所開出來的數據。因為他們要確認賄選成果。

到了現代，能比中選會、情治單位或媒體還要快和準的，大概只有像柯文哲那種規模的監票部隊了。就柯陣營內部表示，早在媒體開出10%的票之前，他們就知道自己應該已經當選了。

監票組織的影響力可以一直發揮到投開票當天晚上（而正常選務人員是前一天晚上十點就不能動了），所以的確是值得經營的區塊。從柯文哲發展出大規模監票部隊後，我認為這種模式在以後的都市型選舉中會越來越常見。

做票

監票其實是個小問題，我想多數人有興趣的應該是「做票」。

但我參與選舉的二十年來，還真沒看到有系統性的做票。現在的選舉已經不太可能做票，主要原因有二：第一是有太多可以記錄選舉狀況的軟硬體工具，整個選舉過程被科學監控，古代那種土法煉鋼的搞法（停電換票匭），實在是不太可能重現。

第二個原因是選舉相關行政人員的政治想法各異，你很難像以前做票那樣弄到整個投票所都是自己人。要做票做到贏，需要很多人力，只要其中一個想發財，把整個事件拿去向《蘋果日報》爆料，事情就曝光了。

最後一次大規模做票，是黃信介遠征花蓮選立委時，被對手做票，以六十二票之差落敗（最後司法有還黃信介一個公道），但這也是一九九二年的事了。

二〇〇四年總統大選時，因為連戰和陳水扁的票數很近，也一度傳出有綠營做票之說，之後也進行了官方的重新驗票程序，但結果沒有太大改變。現在已經有法律規定，在當選落選者間票數差很少的時候，會自動重新驗票，這種爭議就比較少見。

但我也不否認在一些總票數非常少的地區，的確可能仍存在小規模的做票行為。諸如一些農村地區的村里小選舉，常有票數相同或差一、兩票的狀況，這只要做幾張票就可能逆轉了。

不過整體來講，隨著科技進步且民智已開，要做票的難度大為提升，成本也變高，與其把錢投入這個項目，不如拿來買廣告、做文宣、請網軍，甚至拿去賄選都還比較有效率呢。

曲終

第45堂 當選、落選感言很重要嗎？

我們這種時事評論者會在選前準備好兩種稿子。像連勝文與柯文哲的市長大戰，在投票當天早上，我就錄了幾家新聞片段，每家都錄兩種情境：一種是「柯文哲勝出」時的分析，另外一種就是談「連勝文贏了」的狀況。

這是因為開票時很忙，記者無法緊急來錄評論，所以就先進行預錄，等結果一確定就播出。當然，最後播出的只有前一種，後面談「連勝文為什麼會贏的」片段，就變成了「夢幻逸品」。

其實當天這樣受訪的專家學者很多，電視臺沒梗時，或許也可以把這種「假想的平行宇宙」訪問剪一剪播出，一定很妙。

為什麼要講這個呢？因為所有候選人都和我們一樣，會在選前準備好兩種稿子：「當選謝詞」與「落選感言」。

細心一點的候選人，甚至還會依票數差距多寡來編出不同取向的稿子。

輸家先上

輸家通常會先上臺講話（承認敗選），所以先來看看輸家稿子的重點。

首先，一定要感謝所有支持者，包括家人跟競選團隊。

其次是呼籲團結，不要因自己的失敗分裂或灰心。

第三是祝福對手，保持一定的氣度。

第四點，也就是重點中的重點，就是強調自己的努力不夠。

一般選民會覺得這是客氣，但圈子內的人都知道，會落選最主要的理由，就是努力不夠。各種努力都不夠。

候選人的努力程度會對選舉結果有一定程度的影響。當然有些「先天」差距太大，在選舉的幾個月內拚死努力也沒用，但這通常也是因為「他之前的幾十年人生努力不夠」所造成的，因此也算是努力不夠。

不管怎樣，沒選上鐵定是努力不夠。所以承認這點很重要，不講的話就算是逃避事實，沒誠意了。

敗選感言會提到之後的規劃，有些人是「後會有期」，希望能保持實力再戰，有些人則是公開宣言交棒給某些後人。少了這樣的宣示，好不容易匯集起來的選票跟戰鬥團隊會快速崩解。

贏家再上

勝選講稿會比敗選的短，因為之後你多的是時間可以講。講這種宣言同樣有一些技巧。

第一，勝選候選人出來揮手加致詞加喊口號，通常會在二十分鐘內解決。

第二，勝方會先看電視，等敗方講十幾分鐘後，再出來（此時電視臺Live轉播就會切過來），以免讓觀者有「打斷人家講話，太囂張」、「給對方講一下是會死喔」的負面感覺。

第三，該謝的還是要快速簡短謝過，如果「謝」太長，場子會冷掉。看對手再不爽，也要感謝對手。

第四，強調馬上就會上工，不會有空窗期。

通常來講，勝選謝詞比較不會有記憶點，因為之後就是要以政績來取得選民支持了，而敗選者需要透過感言來維持政治能量，所以會想辦法放進名言。

陳水扁當市長時的文膽是羅文嘉和馬永成，他們想出來的名句非常多，最具代表性的是「對進步的團隊無情是偉大城市的象徵」，就是在一九九八年敗選時講的。

在談感言的時候，通常都不帶情緒，會想辦法維持口氣的沉穩，以突顯自己的政治高度。其實選完大家都很高興，因為終於可以放假了，所以不管當選、落選，真正的核心人物都不太會哭。

很多人都以為當選者會很開心，落選會很難過，但會不會當選，通常心裡早已有數，到了開完票的瞬間，想的其實比較接近「完成一個任務」，就像是跑完畢業離校流程一樣，而非參加畢業典禮。

就我的觀察，其實當選者通常會有點緊張，因為當選是另一段任務的開始，會有不同的壓力，有些人還未準備好執政，心態無法轉換，會出現「小當機」的狀況，突然呆滯或一直講錯話。

相對來說，落選人通常比較輕鬆，就像「退伍」一樣，死豬不怕滾水燙。除非是意外落選，才會大喊「選舉無效——」，然後跑去凱達格蘭大道開「叭叭夜市」。

第46堂 投票完的總部在幹嘛？

通常投票日當天一早，候選人就會出來投票，讓媒體有鏡頭拍，拍出來上新聞之後，可以有催票的效果。因為投票當天不能打廣告，這就等於是最後的廣告。

投完票就一切結束了嗎？

當然不是。我們先來看看投票日當天總部的工作。

投票日當天

候選人通常在投完票之後就會回去補眠，而競選總部會持續運作，開始忙催票。不論是文宣或組織的人馬，這時都變成催票組，全力督促樁腳把票全都叫出來投。

下午四點左右，給一般民眾出入的公開總部會開始準備讓選民看開票的場地，以及「感恩晚會」相關事宜。

而真正的總部辦公室，會開始進行「業務結清」，每個人把有財產編號的東西歸位交給財務單位，該搬走的個人物品也開始搬，因為多數人會在當天晚上正式離職。

所以外頭可能在慶祝勝選，熱鬧非凡，但另一頭的辦公室卻在「逃難」、「全面撤離」。每個人都「跑得像飛一樣」。

以馬英九在一九九八年市長選舉為例，他的總部一樓是開放的空間，真正的辦公室在轉角的地下室。在投票日當晚，當外頭開票一路大勝，選民歡喜慶祝的同時，一牆之隔的地下室，大家都在拚命搬東西，儘快把自己的電腦、裝備收好運出去，以免被誤以為是國民黨黨產而被收走。

大家跑得太快，甚至連再見都來不及說。我當時的同事，大約有七、八成都是當晚一別後，直到現在都還沒機會再見面。

投票日之後

過了這一天，總部會將人事員額精簡到最低，通常只會留下財務部門，他們要結清各種帳目，並進行政治獻金的申報過程。這是最麻煩的一件事，因為選舉期間，金錢進出又快又亂，而且通常不合於法律規定。會計們要「洗」到一切合法，可能要好幾天，甚至幾週。

就我所知，絕大多數的競選總部都要做假帳，但你要做假帳，就必須先有真帳，可是很多總部的真帳也有問題，因為上下其手的人很多，帳很難對到好。我經常看到會計不斷打電話「千刀萬里殺」，要已經離職的人回來處理發票和收據，或是跟廠商討論如何「調整」單據。

勝選的總部會另外留下一些人「去當官」，但人數不多，民代通常不會留超過六個人，就是一般民代助理的編制。縣市首長則可能留下較多人，但也頂多一、二十個，這些人將出任機要祕書、辦公室主任等不同職缺，繼續為政治人物服務。

其他人都是就此離職。那之後要幹嘛？出國旅行的比例最高。玩到爽之後再來想。

謝票行程

不論勝敗，都要掃街謝票，所以還是會保留進行謝票的少數組織部人力。但安排謝票的組織部呢？印「銘謝賜票」的文宣組呢？可能早就都離職了，這些行程和物資都是他們在選前就安排好，整個單位可能只留下工讀生陪謝票。

選後第二天開始就會有謝票行程，大看板廣告也會加貼上「銘謝賜票」四個字，掃街謝票快的話一天可以搞定，加拜訪樁腳大概會持續個三、五天，總統候選人有時會謝到一個月。

不過謝不謝票，好像沒啥差呀，真有必要謝票嗎？

很多候選人也問過我這個問題，但他之所以這樣問，單純只是懶而已，特別是落選的那些。

謝票的作用

很多人認為謝票只是虛晃一招，但這種活動其實另有深意。首先，不管有沒有當選，謝票都是判斷政治實力的重要動作，你可以趁謝票過程檢閱人脈與兵力是否仍在。當選的話，大多數人都會出來幫忙你謝票，但落選時，可以由陪你謝票的支持者數量多寡，來判斷是否有東山再起的機會。

第二，因為人家有投票，你必須還禮，禮數才有到。如果候選人沒病沒痛卻不出來，鐵定會被罵。連勝文選後一直沒出來公開謝票，直到因此被罵臭頭，他才出來對重要樁腳謝票，但始終沒有全市掃街的大謝票。這種態度等於自絕後路，這可能代表他將來也不打算走選舉路線。

第三，謝票行程可以讓候選人的心理落差不會太大，因為候選人在選舉期間每天都是密集的選舉行程，如果突然變得太閒，可能心理上很難調適，因此這樣可以保持某種程度的緊湊感，讓候選人逐漸放鬆，從「選舉變態」轉換成「選舉常態」。

第四，因為這是選舉最後的公開活動，類似嘉年華的結尾清場，如果沒有看到這樣的結尾，你的支持者可能會覺得少了什麼。

謝票的公式

要發揮以上的作用，也有一些固定的公式可以跑，照做就好，不要搞怪。謝票就像「送終」，搞怪會有反效果的。

所有主要候選人（除了連勝文以外）都會掃街謝票，就像選前掃街拜票一樣，但車子會加貼謝票橫幅，候選人同樣在車上揮手，經過人群時，會有人廣播「銘謝賜票」。與人群的互動是最重要的，即使其他謝票都不做，掃街謝票一定要做。

你也可以用大看板謝票，就是在所有廣告大看版加貼一塊「銘謝賜票」的狗皮藥膏。旗子因為投票日當天就會被清潔隊收光，所以就不能再插旗子謝票。

還有一種謝票是到大樁腳的家一一拜訪，花點時間聊聊，要感謝，要道歉，現在都可以慢慢講了。這也是人情上應有的禮數，如果選完就不鳥對方，真的會得罪人家，說不定還會被開槍。

最後一種謝票方式，是暗黑的。有些總部為了感謝軟硬體廠商配合趕貨，幫忙「壓時間」，結帳時會多結一些錢給他們。這種謝票就最受歡迎啦。

謝完票，就真的是一場選舉的結束了。但政治是沒有終點的，剩下的部分，就是好好反省、沉思選舉的意義了。

第 47 堂 選票的價值真的展現在選舉結果了嗎？

多數選民總覺得選完後，就被政客遺棄了，手中的一票不再有意義。如果支持的對象沒有當選，更會覺得自己的一票浪費了。

若整體選舉結果不如自己的意，很多人也會認為選舉就是「民粹」主導一切，沒辦法展現良善的價值。真的是這樣嗎？

集體智慧

我們自己幫人選了那麼多次，也看了許多場選舉，就我們在「操弄選舉」、「玩弄時局」的角度來說，公民共同做出的決定，其展現的集體智慧，往往是那個時空裡最好的決定。

「真的嗎？選民也選出陳水扁、馬英九，還有一缸子不好的政客呀！」

勝者用執政時間證明他們自己能力不足，但敗者的「努力不夠」，一般百姓是沒有機會印證或理解的，因此總有投錯人的感覺。但落選的人，其實落選的理由也很明顯，不是嗎？

每場敗選和勝選，都有讓人不得不服氣的理由。並沒有什麼民粹不民粹的問題，只要民主選舉經歷越多，公民就能在這個過程中學習、提升、淬煉出更高的政治智慧。

那不是政治人物可以隻手遮天的。認為政治人物可以輕易騙到票，影響選舉大局，實在是太過「大看」政治人物的能耐，也太「小看」公民的判斷力。

歷史大勢

二〇〇四年的總統大選產生「兩顆子彈」的爭議，許多人認為這造成選舉情勢的逆轉，但這起槍擊案對選舉真正的影響到底為何？我認為在科學上很難釐清。

因為最後開出來的選票實在太接近，會讓現有的許多量化學術分析工具都失去效力。而排除科學，就選舉實務經驗（通常比較類似學術上的質性方法）來看，也很難推敲槍擊案的具體影響是對誰有利。

但選民真的在那瞬間做出錯誤的決定嗎？阿扁之後捲入了一連串的弊案，看起來是選錯人，但如果回到二〇〇四年的時點，連宋在落選之後的表現，的確也不盡如人意。

他們開了一個「叭叭夜市」，長期占據凱達格蘭大道，採取一些非常激烈的抗爭手段，暴力程度遠超過二〇一三年之後的公民街頭運動。就那個瞬間，讓陳水扁繼續連任，看來的確是比較好的選擇。

二〇〇八年，馬英九在陳水扁失去民心後，以超高票數當選。雖然他之後表現不怎麼樣，但在當時，國民黨展現的態勢的確相對民進黨為佳，選民也必須對民進黨護扁的態度做出嚴厲表態，讓民進黨徹底反省。

後來民進黨也因此做出反省，並由蔡英文主導，進行了許多本質的改造。

二〇一二年，選民還是再次選擇了馬英九。很多人說這次總該是錯誤的選擇了吧？雖然我當時投蔡英文，但我不認為過半數選民的抉擇有誤。

當時的蔡英文，實力仍然不夠強，基層經營不夠紮實、準確，對輿論的掌握也不夠完整，視野、格局亦不夠，當然就不足以扭轉大勢。

但她所增加的票數，以及馬英九損失的票數，都是對於馬英九施政不當的適切反應。總得票數的下降，也明示馬英九應該要做某些改變，但馬英九還是一意孤行，並未認知到這點。

因此，二〇一四年的九合一大選就重創了國民黨的地方政治勢力，這也再次證明了集體意識的展現通常是「恰到好處」的。

如果你堅持藍綠的其中一邊，你就會認為另一邊的人就是蠢蛋，另一邊勝選，就是舉國發蠢。但你若跳出藍綠思維，就能學會尊重集體智慧。

我認識的選舉從業者，都非常尊重公民的集體智慧。如果選輸了，那一定是我們「努力不夠」，應該好好聽聽公民透過選票告訴我們的訊息。

即使我們的工作就是操弄公民以滿足個人的政治目的，但我們也經常發現，「公民共同決定」所帶有的內在合理性，反而可以「說服」或「教育」我們。當政治人察覺這點，就會變得謙卑，就有機會在將來獲得公民們的接納與肯定。而明知如此，卻還想硬去「教育選民」的，終會被時代淘汰。

所以你每次的投票，每一張的選票，都是有價值的，都能告訴政治人物一些事。若每一位公民都以選票參與形塑臺灣的集體政治智慧，就能讓這個國家的民主往更好的方向走。

若民意如此強大，那有知識、有政治經驗的個人，又該做些什麼？

或許只剩下這件事了：「確保這個政治體系能維護民眾的集體智慧以追求

卓越。」

當維護的園丁，而不是想主導一切的神。

第48堂 選舉的意義到底是什麼呢？

講到意義，就是個哲學問題了。

這個問題也會呼應本書開始時談的「選舉是什麼」、「為什麼要選舉」等等的議題。就我的看法，選舉的意義可濃縮成一句話：「公民尋找社群共同善的過程之一。」

聽起來很玄哦，這只能慢慢解釋。

共同善

臺灣就是一個社群，而你我這些擁有投票權的社群成員，就是公民。每個社群都有「共同善」，也就是所有社群成員都會追求的共同價值、共同目標。一個社群的共同善越「繁盛」，我們就能過得幸福與富足。

可是臺灣社群的目標到底包括什麼呢？

公民可以透過溝通對話、透過媒體、透過社會運動來回答這個問題。當然，也可以透過選票來表達。

「選舉」是尋找與建構共同善的過程之一，但這「之一」，並不代表其角色不重要，或可以被其他行動取代。如果選舉機制非常順暢、健全，是可以在一段時間內帶動社群成員（公民）對於公共議題的熱烈討論，並從多個向度來促進共同善的。

所以選舉不只是選舉，它是民主社會在追求共同善時最重要的活動。在選舉過程中，會不斷有公共議題被丟出來，公民們會開始爭論答案，不同政治人也會提出自己的解決方案，公民可以觀察爭辯過程，思考自己在這個議題中的主張最接近誰。

如果是良性的討論，其爭辯過程就會出現「正反合」的提升、修正，這些答案會慢慢從「對立」轉而匯聚成某些「共識」，最後再透過選票的決定，達成一個暫時的結論。

當然這個「暫時的結論」並非最終的答案。公民們還可以透過接下來的選舉過程再次展開辯論，再次提升討論的品質與內容。

往後無限延伸的旅程

因此，每一次選舉的結束，都是下一次選舉的開始，討論可能偶有暫停，但整個社會對於「共同善」的需求，會透過民主體制向前邁進。只要民主政治持續，這種發問、解答、提升的過程就會不斷發生，那我們社群對於共同善的想法就會更加明確。

臺灣舊日的「統」「獨」概念，已經在多次選舉的辯證過成中被修改，而與「蔣公」或「臺獨理論家」口中所說的「統」「獨」大不相同，甚至出現一些介於兩者間的共識，例如「永遠維持現狀」、「中華民國就是臺灣，接下來的工作就是正名制憲」這類觀點。

雖然很多政治人或知識分子不滿上述主張，但這些主張的支持度在近年民調中都過半。這是因為普通公民的思想太過落後，還是這些政治人或知識分子已經被時代所遺棄呢？

我不知道答案，因為答案應該由公民們來共同決定。我們只能透過一次次的選舉，用集體智慧來回答這個問題。

許多類似統獨、藍綠的簡化、原始議題，都在選舉過程中一一被公民們否決，我們現在接納的是某種更高階、更融貫的議題形式，包括我們對經濟生活的各種想像，對跨國企業的評價，對社會福利的期盼等等。

這是種探尋的過程，只要自認是公民，都應該參與找尋答案的挑戰與冒險。無論是政治人或公民，都在學習，都在面對挑戰，也都創造了一些價值。所以選舉並不是單方面的操作、單方面接受，而是所有人一起參與。政治人和公民都進入一個像是RPG（角色扮演）遊戲的情境，在過程不斷摸索，想辦法升級自己的能力，並達成設定的關卡目標。

雖然經過層層關卡，但沒人知道最後目標是什麼，或許在個人生命終點時也找不到。但只要社群仍然存在，民主體制存在，這種發展過程就不會停頓。

公民和政治人在過程中不可能是一帆風順的，我們個人可能會誤信騙術而投給壞人，好人也可能上臺後執政表現不佳，但只要能透過下一次選舉來修正，就是個良善的民主政治體系。

民主的價值與挑戰

很多人推崇德國或北歐的民主政治，是因為你可以看到他們在政治發展的過程中一步步提升自我，其公民們努力去除政治體系中的歧視與偏見部分，往更好的方向邁進。

除了民主選舉，還有很多其他方式可以協助達成這樣的理想，包括自由開放的公共論述領域、健全的媒體環境等等，但是如果欠缺了民主選舉，「政府」這一塊就會跟不上其他領域的提升速度。相對來說，若其他這些領域都能搭配民主選舉，這種提升速度就會有加乘的效果。

民主制度不夠健全的地區，其政府可能也有良好執政表現，足以讓他人稱羨，可是光鮮亮麗的表象背後，可能也代表其公民失去了某些機會。他們也許仍能追求卓越，但至少缺了透過「民主」而走向卓越的機會。

在臺灣周遭的政治環境中，臺灣的選舉文化最是豐富，公民們對於政治的理解與經驗也是最多的，這會是我們持續發展下去最重要的資產之一。

當然，這不代表我們的選舉文化並沒有改善的空間。就我看來，臺灣需要在接下來的十年來面對以下的選舉問題：

首先是「政二代」，也就是政治世家投入選舉的狀況越來越普遍。參政固然是他們的權利，但他們的參選的確會衝擊到無家世背景者的勝選可能性。我們可以思考如何透過諸如縮短選舉競選期、增加選舉募資的限制等等方式來削弱政二代的優勢。

其次，內閣制是臺灣將來可能的發展方向，這個制度也會衝擊到選舉模式，因為可能不斷解散國會重新大選，現有長期準備的競選方法勢必要轉變為短期決戰。要讓素人有機會在這種選舉中出線，日本對於選舉經費與物資的嚴格管制，或許是個可以學習的方向。

此外，立委席次減半雖然是基於良善的理念，可是大幅限縮政治議席，也卡住了培養政治新生代的大門，出現嚴重的一再連任現象，新人缺乏適合的參政空間。我們是否應該恢復往日的議席，甚至因應內閣制而大幅增加議席？

這些問題不應該只由教授們來回答。他們的見解可供參考，但他們缺乏實務經歷，怕和真正的需求脫節。這問題也不該盡信政客說法，因為他們可能基於自己的政治利益，昧著良心支持某些不利社群發展的修憲案。

那該由誰來回答？

當然就是「你」了。請你思考自身的人生目標，衡量整個臺灣社會的共同善，用你手中的選票，透過親身參與政治，來提出屬於你自己的答案吧。

選舉，不是你想的那樣！
人渣文本的 48 堂公民實戰課

作者	周偉航（人渣文本）
發行人	王春申
編輯指導	林明昌
營業部兼任 編輯部經理	高　珊
責任編輯	王窈姿
特約編輯	黃馨慧
校對	徐孟如
美術設計	吳郁婷
內文排版	菩薩蠻數位文化有限公司

出版發行	臺灣商務印書館股份有限公司
地址	23150 新北市新店區復興路 43 號 8 樓
電話	(02)8667-3712　傳真：(02)8667-3709
讀者服務專線	0800056196
郵撥	0000165-1
E-mail	ecptw@cptw.com.tw
網路書店網址	www.cptw.com.tw
網路書店臉書	facebook.com/ecptwdoing
臉書	facebook.com/ecptw
部落格	blog.yam.com/ecptw

局版北市業字第 993 號
初版一刷：2015 年 12 月
初版二刷：2015 年 12 月
定價：新台幣 320 元

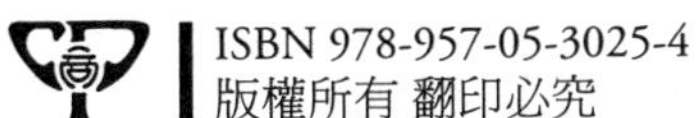
ISBN 978-957-05-3025-4

選舉，不是你想的那樣！人渣文本的48堂公民實戰課 / 周偉航著. -- 初版. -- 新北市：臺灣商務, 2015.12

面；　公分

ISBN 978-957-05-3025-4（平裝）

1.臺灣政治　2.時事評論

573.07　　104022339